크리스챤신서 64

칼빈의
기도론

존 칼빈 · 원광연 옮김

크리스챤
다이제스트

Prayer

by

John Calvin

차례

(기도의 본질과 가치, 1-3절)

1. 믿음과 기도

지금까지 다룬 내용에서 볼 때에, 사람에게 선이란 전혀 없으며 자기 스스로 구원을 취득할 수 있는 수단도 전혀 없다는 사실이 분명하게 드러난다. 그러므로 사람이 자기의 절실한 처지에 대하여 도움을 얻으려면, 자기가 아닌 다른 누군가에게서 구해야만 한다. 그 다음에 또 살펴보았듯이, 하나님께서는 자기의 뜻을 따라 기꺼이 자기 자신을 그리스도 안에서 나타내신다는 사실이 나타난다. 하나님은 그리스도 안에서 우리의 비참한 처지를 씻어내고 모든 행복을 주시며, 하늘의 보고(寶庫)를 여시사 그리스도 안에서 우리의 핍절한 상태를 씻어내고 모든 풍성함을 주시며, 그리하여 온전한 믿음으로 그의 사랑하시는 아들에게로 돌아가 온전한 기대를 갖고 그를 의지하며, 그 안에서 안식하며, 온전한 소망으로 그를 붙들 수 있도록 해 주시는 것이다. 이것은 정말이지, 삼단논법 같은 것으로는 도저히 배울 수 없는 감추어진 비밀스런 철학이 아닐 수 없다. 하나님께서 눈을 뜨게 하셔서 하나님의 빛 속에서 빛을 보게 된(시 36:9) 그런 사람만이 마음으로 체득할 수 있는 그런 철학인 것이다.

그러나, 우리에게 필요한 모든 것, 혹은 우리 속에 결핍된 모든 것이 하나님 안에서와 우리 주 예수 그리스도 — 그의 속에 모든 충만이 거하기를 성부께서 기뻐하셨다 — 안에서 공급된다는 사실을 아는 법을 믿음으로 배워서, 마치 갈하지 않는 샘에서 물을 퍼내듯이 그리스도께로부터 그 모든 것을 퍼내게 되었다 할지라도(참조. 골 1:19; 요 1:16), 우리로서는 여전히 그리스도 안에 있다고 배운 그 모든 것들을 구해야 하며, 기도로 그리스도께 간구해야 하는 것이다. 하나님이 모든 선한 것들을 베푸시는 주권자이시라는 사실을 알게 되면 우리는 그것들을 위하여 그 하나님께 구하게 된다. 그런데도 하나님께 나아가거나 구하지 않는다면 그것은 우리에게 유익이 되기는커녕, 마치 보물이 있다는 이야기를 듣고도 그것을 그냥 땅 속에 묻혀 있는 채로 내버려두는 것이나 마찬가지일 것이다. 그러므로 사도는 하나님을 향하여 기도함이 없는 믿음은 진정한 믿음일 수가 없다는 사실을 보여주기 위하여 다음과 같이 정리하여 말씀하고 있다. 곧, 믿음이 복음에서 나오는 것처럼, 믿음으로 말미암아 우리의 마음이 하나님의 이름을 부르도록 된다는 것이다(롬 10:14-17).

사도는 같은 로마서 앞부분에서도 바로 그 사실을 말씀한 바 있다. 곧, 복음의 증거를 우리 마음에 인치시는 "양자의 영"께서 우리의 필요한 사항들을 하나님께 아뢸 용기를 주시며, 말할 수 없는 탄식으로 간구하시며, 우리로 하여금 "아빠 아버지"라 부를 수 있게 하신다는 것 말이다(롬 8:16-26). 이 중에 마지막 사실에 대해서는, 앞에서는 그저 스쳐 지나가면서 잠깐 언급하기만 했기 때문에, 이제 좀 더 상세히 말해야겠다.

2. 기도의 절대적 필요성

그러므로, 하늘의 아버지께서 우리를 위해서 간직하고 계시는 그 온갖 풍성한 것들을 얻는 데는 기도가 반드시 필요하다. 하나님과 사람 사이에는 일종의 교제(intercourse)가 있다 곧, 사람이 하늘의 성소에 들어가서 하나님 앞에 서서 하나님이 하신 약속들을 근거로 하나님께 호소하여, 결국 사정이 생길 때에 그들이 하나님의 말씀의 권위만을 의지하여 믿은 바가 헛되지 않았다는 것을 경험을 통해서 배우게 되는 그런 교제가 있다는 말이다.

따라서, 주께서 주시기로 약속하신 모든 것에 대해서 기도로 그에게 구하라고 명하시는 것을 보게 된다. 이것이 과연 사실이기에, 우리는 기도로써 우리 주님의 복음이 우리의 믿음의 눈에 밝혀주는 그 보화들을 파내는 것이다. 기도가 얼마나 절실하게 필요하며 또한 얼마나 효용이 있는지에 대해서는 아무리 이야기해도 다 설명할 수가 없다.

확신하건대, 우리의 하늘 아버지께서 우리의 안전은 오로지 그의 이름을 부르는 데 있다고 선포하시는 데에는 분명한 이유가 있다. 그의 섭리로 임재하사 우리의 일상사를 돌보시도록 아뢰며, 우리가 연약하여 쓰러질 때에 그의 권능으로 임재하사 우리를 지탱시키시며, 그의 선하심으로 임재하사 죄악으로 비참한 상태에 있는 우리를 받아들이사 사랑을 베푸시기를 아뢰며, 또한 우리에게 그의 모든 완전하심을 우리에게 드러내 보이시도록 간구하는 이 모든 일이 하나님의 이름을 부름으로써 이루어지는 것이다.

그리고 그 결과로 놀라운 평강과 안정이 우리의 양심에 주어지는 것이다. 어려운 일 때문에 주님 앞에 우리의 사정을 아뢰게 될 때에, 우리의 나쁜 상황들 가운데 주님이 모르시는 것이 없으며, 또한 주님은 우리를 위해 최고의 것을 이루실 능력도 있으시고, 또한 그럴 뜻도 가지고 계신다는 확신이 우리 속에 가득 차게 되어 온전한 만족으로 안식하게 되는 것이다.

3. 기도가 주는 여섯 가지 유익

그러나, 아마 이렇게 말하는 사람도 있을 것이다:"우리의 어려운 처지가 무엇이며 또한 우리를 위해서 무엇이 필요한지를 우리가 알려 주지 않아도 하나님이 이미 알고 계시지 않는가? 그러니 구태여 기도를 통해서 하나님께 그런 것들을 알리는 것이 어떤 의미에서 보면 쓸데없는 일이 아닌가? 하나님이 졸고 계시거나 주무시고 계셔서 우리가 목소리를 높여 깨워 드려야 비로소 응답하시는 것이 아니라면, 기도가 무슨 필요가 있겠는가?"

그러나 이렇게 생각하는 사람은 주님이 우리에게 기도를 가르쳐 주신 목적을 깨닫지 못하고 있는 것이다. 기도는 하나님을 위한 것이 아니라 우리 자신을 위한 것이다. 하나님은 사람이 하나님께 드려야 마땅한 존귀를 돌리기를 원하시며, 또한 이러한 하나님의 뜻은 의로운 것이다. 즉, 사람이 바라거나 유용하다고 느끼며, 그래서 얻기를 구하는 온갖 것들이 모두 하나님께로부터 온다는 것을 인정함으로써 하나님께 존귀를 돌리는 것이 하나님의 의도하시는 뜻이라는 말이다. 그런데, 우리가 이렇게 하나님께 돌리는 경배가 오히려 우리들 자신에게 유익을 준다. 그러므로 거룩한 족장들의 경우, 하나님께서 그들과 다른 이들에게 베푸시는 긍휼하심을 자신 있게 찬양하면 할수록, 기도하고자 하는 마음이 더 강하게 일어난 것을 볼 수 있다.

엘리야의 예를 드는 것만으로도 족할 것이다. 그는 하나님의 목적을 확신하고서 아합에게 비가 올 것을 약속하였다. 그러나 동시에 그는 무릎 사이에 얼굴을 묻고 열심으로 그 일을 위하여 기도하였다. 그리고 사환을 시켜서 일곱 번이나 비가 오는지를 확인하게 하였다(왕상 18:42). 그가 그렇게 한 것은 하나님의 약속의 말씀을 믿지 않았기 때문이 아니라, 자기의 믿음이 나른해지거나 무뎌지지 않도록 그런 소원을 하나님 앞에 내어 놓는 것이 자기의 의무임을 알고 있었기 때문이었던 것이다.

물론 우리가 우리 자신의 비참한 상태에 대해 무감각하거나 무뎌져 있을 때에라도 하나님께서 깨어 계셔서 우리를 살피시고, 심지어 우리가 아뢰지 않는 데도 우리를 도우시는 경우도 있는 것은 사실이다. 그러나 그렇다 할지라도, 다음과 같은 점들을 볼 때에 우리로서는 항상 끊임없이 하나님께 아뢰는 것이 매우 유익하며 또한 중요한 일이다. 첫째로, 기도는 하나님을 찾고 그를 사랑하며 섬기고자 하는 진지하고도 열렬한 소원으로 우리 마음이 항상 불타오르게 해 준다. 또한 어떠한 사정이 생기든 하나님을 거룩한 닻으로 여겨 그에게 의지하는 습관을 가지게 된다. 둘째로, 기도는 하나님 앞에 내어놓기 부끄러운 욕망이나 바람이 우리 마음에 들어오지 못하도록 막아 준다. 그리고 우리의 모든 소원들을 하나님이 보시도록 그대로 내어놓기를 배우며, 또한 그리하여 우리의 마음을 그 앞에 쏟아놓는 법을 배우게 된다. 셋째로, 기도는 하나님이 베푸시는 모든 은택들을 진정한 감사와 찬송으로 받게 해 준다. 우리의 기도가 그 모든 은택들이 하나님의 손으로부터 오는 것임을 깨닫게 해 주는 것이다. 넷째로, 우리가 구한 것들을 받아서 하나님이 우리의 기도에 응답하셨음을 깨닫게 되고 나면 하나님의 긍휼하심을 더욱더 간절하게 바라게 된다. 다섯째로, 우리의 기도로 말미암아 얻어진 그 축복들을 더욱더 큰 기쁨으로 환영하게 된다. 마지막 여섯째로, 우리의 연약한 정도에 따라 다르지만, 기도는 하나님의 섭리를 체험을 통해서 확증하게 해 준다. 기도를 통해서 우리는 하나님이 절대로 우리를 실망시키지 않으실 것을 약속하시며, 또한 언제든지 필요할 때에 하나님께 나아가도록 자발적으로 길을 열어주심은 물론, 항상 손을 활짝 펴서 그의 백성을 도우시며, 그냥 말씀으로만 그들을 달래 주시는 정도가 아니라 하나님 자신이 과연 실질적인 도움이 되신다는 것을 친히 증명해 주신다는 놀라운 사실을 깨닫게 되는 것이다. 그렇기 때문에, 긍휼이 지극하신 아버지께서는 절대로 주무시거나 조는 법이 없으시면서도 마치 주무시거나 조시는 것처럼 보이는 경우가 아주 많으나, 이는 그냥 내버려두면 게을러지고 무감각하게 되어 버리는 것이 우리의 처지이므로 그렇게 되지 않도록 하고, 오히려 하나님께 구하고 간청하고 탄원하며 진정으로 아뢰어 큰 유익을 얻게 하도록 우리를 훈련시키기 위한 것이다.

그러므로 기도를 멀리하도록 부추기는 행동은 정말 어리석은 짓이 아닐 수 없다. 하나님의 섭리가 언제나 우주의 되어지는 일들을 돌보고 있기 때문에 우리가 간구해도 전혀 소용이 없는 것처럼 이야기하는 사람도 있지만, 사실은 그와 정반대다. 주님께서 친히 선포하시기를, "여호와께서는 자기에게 간구하는 모든 자 곧 진실하게 간구하는 모든 자에게 가까이 하시는도다"(시 145:18)라고 하기 때문이다.

주께서 주님 자신을 위하여 모든 것을 우리에게 베푸시는데 구태여 기도할 필요가 어디 있느냐는 식으로 주장하는 사람들도 있지만, 이들의 주장도 그보다 더 나을 것이 없다. 모든 것이 하나님의 자의적인 뜻에서 나온다 할지라도 우리로서는 그것이 과연 그렇다는 것을 기도를 통해서 시인해야 하기 때문이다. 이러한 사실은 "여호와의 눈은 의인을 향하시고 그의 귀는 그들의 부르짖음에 기울이시는도다"(시 34:15)라는 귀한 말씀에서도 입증되며, 다른 많은 구절들에서도 동일한 사실이 드러난다. 이 시편의 구절은 신자들의 안녕을 위해서 자의적으로 역사하는 하나님의 섭리의 보호하심을 찬양하면서도, 마음이 게을러지지 않도록 각성시키는 믿음의 활동도 빼놓지 않고 말씀하고 있다. 하나님의 눈이 늘 깨어 계셔서 눈먼 자들의 필요를 도와주시지만, 동시에 우리의 탄식소리를 들으시기를 기뻐하시는 것이다. 그리하여 우리를 향하신 그의 사랑을 더 확실하게 증명해 주시려는 것이다. 그러므로, "이스라엘을 지키시는 자는 졸지도 아니하고 주무시지도 아니하시리로다"(시 121:4)라는 말씀도 사실이고, 또한 우리가 무디고 무감각해져 있을 때에 하나님이 마치 우리를 잊고 계신 것처럼 우리에게서 물러나 계신다는 것도 사실인 것이다.

(올바른 기도의 법칙, 4-16절)(첫째 법칙:하나님을 경외함으로 기도해야 함, 4-5절)
4. 하나님께 합당한 순전한 정신의 상태를 지향함

자, 그러면 올바른 기도의 첫 번째 법칙은, 하나님과 대화를 나누는 사람으로서 어울리는 합당한 정신과 마음의 자세를 가져야 한다는 것이다. 하나님을 직접 순전하게 묵상하는 일을 방해하는 육신적인 생각과 걱정거리들을 제쳐두고, 전적으로 기도에 몰입하는 동시에, 또한 가능한 한 정신 그 자체까지도 넘어선다면, 올바른 기도에 합당한 정신 자세를 가졌다 할 것이다. 그렇다고 해서, 근심으로 안타까워하는 심정을 전혀 느끼지 못할 정도로 정신이 완전히 하나님께 몰입되어 있어야 한다는 뜻은 아니다. 그와 반대로, 많은 근심으로 인하여 오히려 기도의 열정이 불붙는 법이다. 그렇기 때문에 하나님의 거룩한 종들에게 걱정은 물론 큰 고뇌가 있는 것을 보게 된다. 그리하여 깊은 곳에서 또한 죽음의 문턱에서 주님을 향한 탄식의 소리가 그들에게서 나오는 것을 보는 것이다.

내 말의 의미는 이런 것이다. 곧, 우리의 정신을 이리저리 몰고 다니며 흐트러 놓고 또한 정신을 하늘에서 떨어뜨려 땅에 곤두박질치도록 만드는 외부의 온갖 잡다한 걱정거리들을 떨쳐버려야 한다는 것이다. 내가 정신 그 자체를 넘어서야 한다고 말했지만, 그 말은 곧, 우리의 눈 멀고 어리석은 이성(理性)이 다반사로 만들어내곤 하는 그런 것들을 하나님의 임재 앞에 가져가서도 안 되고, 또한 우리의 정신을 그 허망하고 보잘것없는 한계 속에 가두어 두지 말고, 하나님께 합당한 순전한 상태를 향해 올라가야 한다는 뜻이다.

5. 유념해야 할 두 가지 사실과 성령의 도우심

여기서 특별히 두 가지를 주목할 필요가 있다. 첫째로, 기도에 임하는 사람은 누구든지 자기의 모든 생각과 감정을 그리로 집중시켜야 하며, 흔히 그렇게 하듯이 생각이 이리저리 방황하며 흐트러지는 일이 없도록 해야 한다는 것이다. 경건함이 없이 정신이 아무렇게나 되는대로 움직이는 그런 경박한 자세만큼 하나님께 드려 마땅한 경외와 모순된 것이 없기 때문이다. 그렇게 하는 것이 어렵다는 것을 체험하면 할수록 그만큼 더 진지하게 애쓰고 수고해야 한다. 어느 누구의 경우에도, 기도에 너무나 집중되어 있어서 이런저런 잡 생각들이 도무지 끼어들지도 못하고 그래서 기도의 기조(基調)가 깨뜨려지는 법도 전연 없고 이리저리 다른 데로 빠져 기도가 방해를 받는 법이 없는 경우는 없다.

하나님께서 우리를 받아들이셔서 친밀한 교제를 하게 하셨는데, 이런 큰 은혜를 망각하고 거룩한 것과 속된 것을 서로 뒤섞고, 하나님을 향한 경외심으로 우리의 정신을 재갈먹이지도 않고, 마치 우리와 똑같은 다른 어떤 사람과 대화하듯이 그런 심정으로 기도한다고 하면서 그를 잊어버리고 이런 생각 저런 생각을 아무렇게나 하여 하나님의 그 크나큰 은혜를 욕되게 한다면, 이 얼마나 꼴사나운 일이겠는가? 이 점을 정말 깊이 명심해야 할 것이다.

그러므로, 오직 하나님의 그 크신 위엄에 깊이 감동하여 이 땅의 온갖 근심과 정욕에서 자유함을 받은 자만이 기도를 위하여 정당한 준비를 갖춘 것이라는 사실을 깨달아야 하겠다. 기도할 때에 손을 높이 드는 의식적인 행위는, "여호와여 나의 영혼이 주를 우러러 보나이다"라는 시편의 말씀처럼(시 25:1) 우리의 생각들을 위를 향하여 높이 올리지 않으면 우리가 하나님으로부터 멀어져 있을 수밖에 없다는 사실을 우리 자신에게 상기시켜주기 위해서 고안된 것이다. 또한 성경에는 "우리의 기도를 올린다"라는 표현이 거듭거듭 나타나는데, 이는 하나님께서 자기의 기도를 들어주시기를 바라는 사람이 기도 가운데서 진흙창 속에 뒹굴고 있어서는 안 된다는 뜻이다.

정리하여 말하자면, 하나님께서 자신을 낮추셔서 너그러이 우리를 대하시고 우리의 모든 걱정거리를 그의 품에 내어 놓으라고 초청하셨는데, 만일 우리가 이런 비할 데 없이 귀한 축복이 다른 무엇보다 귀중하다는 사실을 깨닫고 그것을 사모하여 기도에 임할 때에 우리의 생각과 감정 하나하나가 진지하게 거기에 치중하게 되지 않는다면, 하나님께서 그렇게 자신을 낮추시고 우리에게 베푸신 만큼 우리가 더 변명할 거리가 없어지는 것이다. 그러나, 우리의 정신이 다른 모든 방해거리들과 끈질기게 싸우는 싸움이 없고 위를 향하여 올라가도록 애쓰는 수고가 없으면 도저히 변명할 거리가 없는 것이다.

두 번째로 주목해야 할 사실은, 하나님께서 허락하시는 한도 안에서만 구해야 한다는 것이다. 하나님은 그에게 마음을 토하라고 말씀하시지만(시 62:8), 어리석고 부패한 정욕에 대해서 무분별하게 고삐를 늦추시는 것이 아니다. 또한 신자들의 소원을 들어주시겠다고 약속하시지만, 신자들의 변덕스런 마음과 생각에 자신을 굴복시키시면서까지 그렇게 하시는 것은 아니다. 그런데 이런 점에서 사람들은 늘상 막중한 죄를 범하고 있다. 경외심도, 진지함도 없이 자기들의 경박스런 일들을 그냥 하나님께 빌면 된다고 생각하는 사람들이 얼마나 많으며, 아무것이든 자기들의 꿈꾸는 바를 하나님의 보좌 앞에 무분별하게 내어놓는 사람들이 또 얼마나 많은가? 그런 사람들은 어리석음과 무지함에 사로잡혀 있어서, 사람 앞에서도 부끄러워 내어놓지 못할 그런 추한 욕심들을 하나님 앞에 뻔뻔스럽게 내어 놓고 요구하는 것이다. 심지어 불신앙적인 세속의 철인(哲人)이나 문인(文人)들도 이런 뻔뻔스러움을 경멸하고 혐오해왔지만, 그래도 여전히 그런 악행이 계속되어 오고 있다.

그리하여 과거에 야심이 있는 자들이 유피테르(Jupiter)를 자기들의 수호신으로 취했고, 탐욕스런 자들이 메르쿠리우스(Mercury)를, 지식을 탐하는 자들이 아폴로(Apollo)와 미네르바(Minerva)를, 호전적(好戰的)인 자들이 마르스(Mars)를, 그리고 방탕한 자들이 베누스(Venus)를 각각 자기들의 수호신으로 삼았던 것처럼, 오늘날에도 사람들이 기도한다고 하면서 동료나 친구들과 대화를 나누며 아무렇게나 농담하고 잡담하는 것보다 오히려 더 가볍게 자기들의 불법한 정욕을 하나님께 쏟아 놓는 예가 다반사로 나타나는 것이다. 하나님은 친히 자신을 낮추시면서까지 베푸신 온갖 은혜가 그런 식으로 조롱당하도록 그냥 내버려두지 않으시고, 자신의 위엄을 되찾으시며 우리의 소원들을 그의 권위 아래 굴복시키시는 것이다. 그러므로 우리는 사도 요한의 다음과 같은 말씀을 깊이 명심해야 할 것이다:"그를 향하여 우리의 가진 바 담대함이 이것이니 그의 뜻대로 무엇을 구하면 들으심이라"(요한일서 5:14).

그러나 이처럼 높은 완전한 수준에 이를 수 있기에는 우리의 능력이 턱없이 모자라기 때문에, 그 일을 도울 수 있는 어떤 방법을 구할 수밖에 없다. 정신의 눈이 하나님께 집중되어 있어야 하듯이, 우리 마음의 욕망도 똑같은 상태가 되어야 한다. 그러나, 정신도 마음도 그런 상태에 이르지를 못하고 오히려 쇠진하여 넘어져서 언제나 반대 방향으로 이끌려가는 것을 보게 된다. 바로 이러한 연약함을 돕기 위해서, 하나님은 우리의 기도 가운데 성령의 인도하심을 주셔서 올바른 방향을 견지하게 하시고 우리의 정욕을 제어하게 하시는 것이다. 성경은 "우리가 마땅히 빌 바를 알지 못하나 오직 성령이 말할 수 없는 탄식으로 우리를 위하여 친히 간구하신다"고 말씀한다(롬 8:26). 성령께서 실제로 기도하신다거나 탄식하신다는 뜻이 아니라, 우리의 본성적인 능력으로는 절대로 가질 수 없는 그런 탄식과 소원과 신뢰를 우리 속에 불러일으키신다는 뜻이다. 또한 사도 바울이 성령의 인도하심 아래서 신자가 드리는 기도를 가리켜 "말할 수 없는 탄식"이라고 표현한 데도 그만한 이유가 있다. 진정으로 기도하는 사람들은 자기들의 속에 맹목적인 근심과 걱정이 있어서 그것이 자기들을 그렇게도 혼란스럽게 하고 억누른다는 것을 잘 알고 있기 때문에, 기도 가운데서 말로 표현할 만한 합당한 내용을 똑바로 찾지 못하고 오히려 말을 하려 하다가도 멈추게 되고 주저하게 된다. 그렇기 때문에 올바로 기도하는 것이야말로 특별한 은사라 할 수 있다. 그러나 그렇다고 해서 우리의 게으름을 그대로 내버려두고 기도의 일 자체를 성령께 떠맡겨 버리고, 우리는 부주의와 무관심의 상태에 그냥 있어도 된다는 뜻이 아니다.

어떤 사람들은, 다른 곳에 팔려 있는 우리의 정신을 성령께서 붙잡으실 때까지 우리는 그냥 기다리고 있어야 한다는 식의 불경한 말을 하기도 한다. 그러나 이 말씀의 뜻은 우리가 우리 자신의 무기력함과 게으름을 혐오하여 성령의 도우심을 간절히 사모해야 한다는 것이다. 사도 바울은 성령으로 기도하라고 권면하면서도(고전 14:15) 동시에 깨어 있으라고 권면하고 있다. 곧, 성령의 역사하심으로 기도하게 되지만, 그렇다고 해서 성령의 그런 역사가 우리의 수고와 노력을 가로막거나 무력화시키므로 우리가 수고와 노력을 기울일 필요가 없는 것이 절대로 아니라는 것이다. 여기서 하나님께서는 믿음이 얼마나 우리의 마음을 효과적으로 움직이는지를 시험하시기를 기뻐하시는 것이다.

(둘째 법칙:필요를 절감하며 통회함으로 기도해야 함, 6-7절)
6. 필요를 절실히 깨닫고 진심으로 하나님께 구해야 함

기도에 있어서 유념해야 할 또 한 가지 법칙은, 하나님께 구할 때에 언제나 우리의 부족함을 진정으로 느껴야 하고, 또한 우리가 구하는 모든 것들이 과연 우리에게 필요한 것인지를 진지하게 생각하여 기도를 하되, 항상 구하는 바를 얻고자 하는 진정한, 아니 열정적인 소원을 갖고 해야 한다는 것이다. 많은 사람들이 마치 하나님께 어떤 의무를 행한다는 의식을 갖고서 일정한 형식에 맞추어 겉모양만의 기도를 반복하고 있다. 그리고 그렇게 하는 것이 그들의 나쁜 처지를 개선하기 위하여 필요한 방법이라고 말한다. 하나님의 도우심을 구하지만 만일 그렇게 구해도 하나님의 도우심이 없다면 그것은 치명적이기 때문이라는 것이다. 그러나 그러면서도 그들이 차가운 마음으로, 자기들이 구하는 바를 생각지도 않으면서, 그런 의무를 그저 습관적으로 행하는 모습이 여전히 드러나고 있다. 자기들의 필요에 대한 그저 일반적인 막연한 느낌이 들어서 기도하게 되지만, 그렇다고 해서 그 때문에 그 필요가 당장 절실한 문제로 깨달아져서 반드시 그 필요를 공급받으리라는 간절한 마음의 자세가 생기는 것이 아니다. 스스로 죄인이 아니라고 생각하면서, 혹은 스스로 죄인이라는 생각을 하지 않으면서, 자기의 이런저런 죄를 용서해 달라고 거짓으로 구한다면, 그것보다 하나님께 가증되고 망령된 것이 어디 있겠는가? 그런 거짓이야말로 하나님을 분명하게 조롱하는 것이 아니겠는가?

그런데, 앞에서 말한 것처럼 인류는 부패가 가득하여, 그런 의례적인 겉모양만의 행위를 반복함으로써, 속으로는 하나님의 은혜가 아니고서도 이런저런 온갖 것들을 얻는다고 생각하면서도 — 혹은, 그것들이 이미 자기들의 소유가 되었다고 생각하면서도 — 가증스럽게도 그것들을 하나님께 구하고 있는 것이다.

뿐만 아니라, 이보다는 덜 악하지만, 절대로 용납되어서는 안 될 또 한 가지 오류가 있다. 생각이 없이 중언부언하고 얼버무리는 것이 바로 그것이다. 어떻게 하든 상관 없이 그저 기도를 하기만 하면 하나님의 진노를 가라앉힐 수 있다는 식의 논리만을 따라서 그렇게 하는 것이다. 그러나 신자들로서는, 진지하게 생각하여 진정으로 얻기를 바라는 것이 아닌 경우에는 절대로 그런 내용을 하나님께 구하지 않도록 특별히 주의를 기울여야 할 것이다.

아니, 우리에게 당장 필요한 것이 아니지만 오로지 하나님의 영광을 위해서 그것들을 구하는 경우도 있지만, 이럴 경우라도 그것들을 바라는 우리의 열심이나 열정이 식어져서는 안 되는 것이다. 예를 들어서, 하나님의 이름이 거룩히 여김을 받으시옵소서 라고 기도할 때에는, 말하자면, 우리가 그렇게 거룩히 여기는 일을 진지하게 바라며 그것을 위하여 주리고 목마른 상태가 되어야 한다는 말이다.

7. 항상 기도함과 회개의 필요성

여기서, "기도하고자 하는 열심과 필요성이 언제나 항상 똑같은 것은 아니지 않느냐?"라고 반론을 제기하기도 하지만, 그 점에 대해서는 나도 인정한다. 그러나 야고보는 다음과 같이 구분해서 우리에게 가르쳐 주고 있다:"너희 중에 고난 당하는 자가 있느냐? 그는 기도할 것이요, 즐거워하는 자가 있느냐? 그는 찬송할지니라"(약 5:13). 그러므로, 우리가 너무 게으르기 때문에 언제나 하나님께서 우리에게 자극을 주셔서 상황이 요구할 때마다 진정으로 기도하도록 되어야 한다는 것은 상식만으로도 충분히 알 수 있는 사실이다. 다윗은 이를 가리켜 하나님을 "만날 기회"라고 부른다 (시 32:6). 다윗이 여러 다른 구절에서 선포하듯이, 환난과 어려움과 두려운 일 등 온갖 시련들이 우리를 엄습하면 할수록, 그만큼 더 자유롭게 우리가 하나님께로 나아가는 것이다. 마치 하나님께서 우리를 자기에게로 부르시는 것으로 깨닫는 것이다.

그러나 동시에, "항상 기도하라", "쉬지말고 기도하라"(엡 6:18; 살전 5:17)는 사도 바울의 교훈도 이에 못지 않게 진리이다. 왜냐하면, 우리 눈에 보기에 아무리 일이 잘 되어가고 있다 할지라도 — 또한 기뻐할 이유들이 사방에 아무리 많이 있다 할지라도 — 한 순간이라도 기도하지 않아도 괜찮을 만큼 우리가 모자람이 없는 상태에 있는 경우는 없기 때문이다. 가령, 곡식과 포도주를 넘치도록 갖고 있는 사람이 있다고 생각해보자. 그러나 하나님께서 계속 은혜를 베풀어 주시지 않으면 그렇게 풍족한 상태에서도 빵 한 조각조차도 먹을 수가 없는 법이다. 그렇기 때문에 곡식 창고와 포도주 창고가 아무리 풍성해도 여전히 일용할 양식을 하나님께 구하지 않을 수가 없는 것이다. 매 순간마다 우리에게 얼마나 많은 위험거리가 닥치는지를 생각하면, 두려움 때문에라도 기도하지 않고는 한시도 지낼 수가 없다는 것을 깨닫게 되는 것이다.

그러나, 이러한 사실은 영적인 문제에서 더 잘 알 수 있다. 우리가 우리 자신의 갖가지 죄들을 의식하고 있는데, 과연 그 죄과와 형벌에서 벗어나

게 해 달라고 구하지 않고 어떻게 가만히 앉아 있을 수가 있겠는가? 시험
이 끊이지 않고 우리에게 임하는데, 어떻게 하나님의 도움을 구하지 않고
그냥 있을 수가 있단 말인가? 더 나아가서, 처음부터 하나님의 나라와 영
광을 향한 열심에 사로잡혀서, 그 열심이 끊임없이 우리를 강권하여서 어
느 시간이든지 항상 하나님을 "만날 기회"가 되도록 되어야 하겠다. 그러
므로, 기도에 언제나 깨어 있으라는 권면을 그렇게 자주 하는 것도 다 그
만한 이유가 있는 것이다. 끝까지 인내로 기도하는 문제에 대해서는 나중
에 생각하기로 하자. 그러나 성경은 끊임없이 기도할 필요성을 계속 상기
시키면서 우리의 게으름을 책망하는데, 이는 이처럼 기도에 대한 진지한
주의와 끊임없는 열심이 얼마나 절실한지를 우리가 제대로 느끼지 못하기
때문이다. 이런 법칙을 통해서, 외식과, 또한 하나님을 향한 거짓이 제지를
받는다. 아니, 그런 것들이 기도에서 완전히 제거되는 것이다. 하나님은 진
실하게 그에게 간구하는 자들에게 가까이 하신다고 약속하시며(시
145:18), 또한 전심으로 하나님을 찾는 자가 그를 만나리라고 선포하신다
(렘 29:13-14). 그렇기 때문에, 부패의 상태 속에 있으면서도 오히려 즐거
워하는 자들은 하나님을 확실히 찾고 바랄 수가 없는 것이다.

　그러므로, 합당한 기도에는 반드시 회개가 필요하다. 그리하여 성경은
늘상 선포하기를, 하나님은 악인에게 귀를 기울이지 않으신다고 하며, 그
들의 희생이나 그들이 드리는 기도가 하나님께 가증스러운 것이라고 하는
것이다. 그들이 자기들의 마음을 꼭 닫아 걸어둔다면, 하나님께서도 그들
에 대해서 귀를 닫으시는 것이 합당하지 않겠는가? 또한 마음이 강퍅하여
하나님의 진노를 촉발시킨다면, 하나님께서도 그들을 엄하게 다스리시는
것이 합당하지 않겠는가? 그리하여, 이사야서에서 하나님은 이렇게 경고하
신다:"너희가 많이 기도할지라도 내가 듣지 아니하리니 이는 너희의 손에
피가 가득함이니라"(1:15). 그리고 예레미야서에서는, "내 목소리를 순종
하라 하였으나 그들이 순종치 아니하며 … 그 악한 마음의 완악한 대로
행하였으므로 … 그들이 내게 부르짖을지라도 내가 듣지 아니할 것이라"
(11:7, 8, 11)고 말씀하신다.

하나님의 거룩하신 이름을 더럽히는 것이 삶 전체에 가득하면서도 가증스럽게 하나님의 언약을 자랑하는 악인의 행위를 하나님께서는 최고의 모욕으로 여기시기 때문이다. 그러므로 이사야서에서는 이렇게 책망하신다: "이 백성이 입으로는 나를 가까이하며 입술로는 나를 존경하나 그들의 마음은 내게서 멀리 떠났나니"(29:13). 사실 이런 하나님의 책망은 기도에만 국한되는 것이 아니다. 하나님은 그를 섬기는 각 부분부분마다 겉치레의 행위를 가증히 여기시는 것이다. 그러므로 야고보서는 말씀하기를, "구하여도 받지 못함은 정욕으로 쓰려고 잘못 구하기 때문이라"(4:3)라고 한다. 잠시 후에 보게 되겠지만, 경건한 자가 기도와 간구를 드릴 때에 자기 자신의 가치를 의지하지 않는다는 것은 과연 사실이다. 그러나 그렇다고 해서 요한일서의 다음과 같은 교훈도 쓸데없는 것이 아니다:"무엇이든지 구하는 바를 그에게서 받나니 이는 우리가 그의 계명을 지키고 그 앞에서 기뻐하시는 것을 행함이라"(3:22).

악한 양심은 기도의 문을 닫아 버린다. 그러므로, 오직 하나님께 진정으로 예배하는 자만이 바르게 기도하며, 또한 하나님께서는 그런 자의 기도를 들으시는 것이다. 자, 우리 모두 각자 기도하고자 할 때에 우리 속의 그릇된 것들을 혐오하며, 불쌍한 거지의 모습과 그런 심정으로 — 회개가 없이는 이런 심정이 될 수가 없다 — 기도해야 할 것이다.

(셋째 법칙:나 자신에 대한 모든 신뢰를 버리고 겸손하게 용서를 구하여야 함, 8-10절)

8. 오직 하나님의 긍휼하심을 구함

여기에 덧붙여야 할 세 번째 법칙은, 하나님의 임재 속에 나아가 기도하는 사람은 온갖 헛된 망상을 버리고, 자기 자신이 가치 있는 존재라는 생각을 모두 버려야 한다는 것이다. 간단히 말해서, 자기 자신에 대한 신뢰를 모두 버리고, 겸손히 하나님께 모든 영광을 돌려야 한다는 것이다. 이는 혹 티끌만큼이라도 하나님 앞에서 무언가 우리의 권리를 주장하게 되면 헛된 교만이 생기게 되고, 그렇게 되면 하나님께서 우리에게서 얼굴을 돌려 버리실 것이기 때문이다. 이처럼 모든 교만을 물리치는 굴복의 자세를 하나님의 종들에게서 무수하게 볼 수 있다. 거룩한 종들일수록 주의 임재 속에 나아갈 때에 더 겸손하게 자기 자신을 낮추는 것을 본다.

그리하여, 여호와께서 그렇게 높이 칭찬하신 하나님의 종 다니엘은 이렇게 말씀한다:"우리가 주 앞에 간구하옵는 것은 우리의 공의를 의지하여 하는 것이 아니요 주의 큰 긍휼을 의지하여 함이니이다. 주여 들으소서. 주여 용서하소서. 주여 귀를 기울이시고 행하소서. 지체하지 마옵소서. 나의 하나님이여 주 자신을 위하여 하시옵소서. 이는 주의 성과 주의 백성이 주의 이름으로 일컫는 바 됨이니이다"(단 9:18-19).

그는 흔히 그렇게 하듯이 큰 무리에 소속된 한 개인의 자격으로 간접적인 방식으로 고하는 것이 아니다. 그는 오히려 자기 자신의 죄과를 고백하며, 자기 자신의 부족함을 용서해 달라고 간구하는 것이다. 자기가 지금 자신의 죄와 그의 백성 이스라엘의 죄를 고백하고 있다는 사실을 분명하게 선언하고 있는 것이다(단 9:18-20).

다윗도 역시 이처럼 자기를 낮추는 자의 모습을 보여 주고 있다:"주의 종에게 심판을 행하지 마소서 주의 눈 앞에는 의로운 인생이 하나도 없나이다"(시 143:2). 이와 비슷한 자세로 이사야 선지자도 이렇게 기도하고 있다:"우리가 범죄하므로 주께서 진노하셨사오며 이 현상이 이미 오래되었사오니 우리가 어찌 구원을 얻을 수 있으리이까? 무릇 우리는 다 부정한 자 같아서 우리의 의는 다 더러운 옷 같으며 우리는 잎사귀 같이 시들므로 우리의 죄악이 바람 같이 우리를 몰아가나이다. 주의 이름을 부르는 자가 없으며 스스로 분발하여 주를 붙잡는 자가 없사오니 이는 주께서 우리에게 얼굴을 숨기시며 우리의 죄악으로 말미암아 우리가 소멸되게 하셨음이니이다. 그러나 여호와여, 이제 주는 우리 아버지시니이다. 우리는 진흙이요 주는 토기장이시니 우리는 다 주의 손으로 지으신 것이니이다. 여호와여, 너무 분노하지 마시오며 죄악을 영원히 기억하지 마옵소서. 구하오니 보시옵소서, 보시옵소서, 우리는 다 주의 백성이니이다"(사 64:5-9).

자, 이들이 신뢰하고 의지한 것은 오직 자기들이 여호와의 것이라는 사실이었다. 그리하여 그들은 여호와께서 자기들을 보살피실 것이라는 사실에 대해서 절망하지 않았다. 예레미야 선지자도 똑같이 말씀한다:"우리의 죄악이 우리에게 대하여 증언할지라도 주는 주의 이름을 위하여 일하소서"(렘 14:7). 외경(外經)의 바룩서를 바룩 선지자의 저작으로들 보는데, 그 책을 기록한 참 저자가 누구였든간에, 그 무명의 저자는 이와 같은 사실을 정말 진실하게 경건하게 드러내 주고 있다:"그러나 여호와여, 극심한 곤고 가운데서 허리를 굽히는 가냘픈 영혼이, 눈이 흐려져 보지도 못하는 가엾은 영혼이 주께 찬송과 의를 돌리리이다. 여호와 우리 하나님이여, 우리가 주 앞에 비천한 간구를 드리는 것은 우리 조상이나 우리 왕들의 의를 인함이 아니니이다"(바룩 2:18-19). "여호와여 들으소서, 긍휼히 여기소서. 주는 긍휼이 풍성하심이니이다. 우리를 불쌍히 여기소서. 우리가 주 앞에 범죄하였음이옵니다"(바룩 3:2).

9. 죄 사함을 위한 간구의 중요성

요컨대, 자신이 지은 죄과를 겸손히 진정으로 고백하며 죄 용서를 구하는 일이 올바른 기도의 준비요 또한 시작이라는 것이다. 아무리 거룩한 사람일지라도 하나님과 화목되어 있지 않는 이상 하나님께 그 무엇도 얻기를 바랄 수가 없다. 하나님께서는 자신이 용서하시는 사람들 이외에는 그어느 누구에게도 진노를 누그러뜨릴 수가 없으신 것이다. 그러므로, 시편의 여러 구절에서 배울 수 있는 바와 같이, 이것이 신자가 기도의 문을 여는 열쇠가 된다는 사실이 절대로 이상한 것이 아니다.

다윗은 다른 일에 대해서 간구할 때에도, "여호와여, 내 젊은 시절의 죄와 허물을 기억하지 마시고 주의 인자하심을 따라 나를 기억하시되 주의 선하심으로 하옵소서"(시 25:7)라고 기도하며, 또 다시 "나의 곤고와 환난을 보시고 내 모든 죄를 사하소서"(시 25:18)라고도 기도하고 있다. 여기서 볼 수 있듯이, 날마다 그날 지은 죄들을 하나님 앞에 내어놓는 것만으로는 안 되고, 오래 전에 망각 속에 사라져 버린 것 같은 죄들까지도 하나님 앞에 내어놓아야 한다는 사실이다.

　선지자인 다윗은 또 다른 구절에서 자신이 지은 한 가지 심각한 범죄를 고백하면서 자신의 출생에까지 거슬러 올라간다:"내가 죄악 중에서 출생하였음이여 어머니가 죄 중에서 나를 잉태하였나이다"(시 51:5). 자기가 출생할 때부터 부패한 상태였다는 것을 구실로 자기가 범한 과실의 무게를 가볍게 하고자 하는 것이 아니다. 말하자면, 자신의 생애 전체의 죄들을 다 모아서 자기 자신을 혹독하게 정죄하면 하나님께서 그만큼 더 그를 불쌍히 여기시지 않을까 하고 생각한 것이다. 물론 성도들이 언제나 분명한 언어로 죄악을 용서해 달라고 간구하는 것은 아니지만, 그러나 성경에 나타나는 기도들을 조심스럽게 살펴 보면 내 말이 사실이라는 것이 금방 드러난다. 곧, 그들이 기도할 용기를 가졌던 것은 오로지 하나님의 긍휼하심 덕분이었다는 사실과 또한 그들은 언제나 먼저 하나님의 진노를 누그러뜨리는 일부터 시작했다는 사실이다. 양심적으로 자기를 살피면, 사람은 감히 하나님 앞에 자기의 사정을 아뢸 생각조차 할 수가 없다. 그렇기 때문에 하나님의 긍휼하심과 용서하심을 신뢰하지 않으면, 하나님 앞에 나아간다는 생각만 해도 두려워 떨게 될 것이다.

　사실, 또 한 가지 특별한 고백이 있다. 신자들이 형벌을 면하게 되기를 구할 때에는, 동시에 그들의 죄가 용서함 받기를 위해서도 기도하는 법이다. 왜냐하면, 원인은 그대로 남아 있는데 그 결과만 없어지기를 바란다면 그것은 우스꽝스러운 일이기 때문이다. 우연히 겉으로 나타나는 증상을 치료하는 일에만 온통 관심을 쏟고, 그 증상의 뿌리인 질병 자체에 대해서는 관심이 없는 어리석은 환자를 닮지 않도록 조심해야 하는 것이다.

　과연 그렇다. 우리는 하나님께서 외적인 표징으로 자신의 자비를 드러내시기를 기다리기 전에 먼저 하나님의 진노를 누그러뜨리는 데 노력을 기울여야 할 것이다. 왜냐하면 이것이 하나님 자신이 택하신 순서이기 때문이요, 또한 하나님의 진노가 누그러진다는 것을 양심으로 느껴서 우리가 하나님을 과연 사랑스러우신 분으로 여길 수 있게 되지 못한다면, 하나님의 자비하심을 체험한다 해도 아무런 소용이 없을 것이기 때문이다(아

5:16). 그리스도께서 대답하신 말씀도 이런 점을 생각하게 해 준다. 주님
은 한 중풍병자를 고쳐 주시기로 작정하시고 나서 그에게, "네 죄 사함을
받았느니라"(마 9:2)라고 말씀하신다. 다시 말해서, 주님은 우리의 생각을
높여서 특별히 바람직한 대상을 — 즉, 하나님의 은혜 앞에 나아가는 일을
— 바라보도록 하시며, 그리고 난 다음 우리를 구체적으로 도우심으로써
하나님과의 화목의 열매를 우리에게 베푸시는 것이다.

그러나, 신자들이 이처럼 현재의 죄과를 특별히 고백하며 모든 허물과
형벌을 면케 해 주시기를 간구해야 하지만, 하나님께서 우리의 기도를 듣
기를 기뻐하시도록 하는 전체적인 서두도 절대로 빠뜨려서는 안 된다. 왜
냐하면 기도가 하나님의 값없는 긍휼하심에 근거하지 않으면 절대로 하나
님께 상달되지 않기 때문이다. 이에 대해서 사도 요한의 다음의 말씀을 들
수 있다:"만일 우리가 우리 죄를 자백하면 그는 미쁘시고 의로우사 우리
죄를 사하시며 우리를 모든 불의에서 깨끗하게 하실 것이요"(요일 1:9).

그렇기 때문에, 율법 아래 있을 때에도 피의 씻음으로 기도를 거룩하게
구별하는 일이 필수였다(참조. 창 12:8; 26:25; 33:20; 삼상 7:9). 그것
은 그렇게 함으로써 백성들의 기도가 하나님께 받아들여지도록 하기 위한
것이었고, 또한 부정을 씻지 않고서는 그 고귀한 특권을 누릴 자격이 사람
에게 없다는 것과, 또한 기도할 때에 전적으로 하나님의 긍휼하심만을 신
뢰하여야 한다는 사실을 백성들에게 경계시키기 위함이었던 것이다.

10. 자기의 의로움에 호소하는 문제

그러나, 성도들이 하나님께 간구를 드리면서 자기 자신의 의로움에 호소
하는 경우가 나타나는 것 같다. 다윗은 "나는 경건하오니 내 영혼을 보존
하소서"(시 86:2)라고 하며, 히스기야 왕도 마찬가지로 "여호와여 구하오
니 내가 주 앞에서 진실과 전심으로 행하며 주의 목전에서 선하게 행한
것을 기억하옵소서"(왕하 20:3; 사 38:3)라고 하는 것을 본다. 그러나 이
런 표현을 쓰는 그들의 의도는 자기들이 중생으로 말미암아 하나님의 은

혜를 받는 성도요 하나님의 자녀들이 되었음을 말하고자 하는 것이다. 이미 살펴 보았거니와, 시편 기자를 통해서 하나님은 그의 눈이 "의인을 향하시고 그의 귀는 그들의 부르짖음에 기울이시는도다"(시 34:15)라고 선언하고 계신다. 그리고 사도를 통해서도 "무엇이든지 구하는 바를 그에게 받나니 이는 우리가 그의 계명을 지키고 그 앞에서 기뻐하시는 것을 행함이라"(요일 3:22)라고 가르치시는 것이다. 하나님께서는 이 구절들에서 기도의 값어치를 하나의 행위의 공적(功績)으로 따지고 계시는 것이 아니다. 하나님은 순전함과 진실함을 의식하는 자들에게 — 신자들 모두가 이런 순전함과 진실함을 지니고 있어야 하지만 — 신뢰를 심어주시기 위해서 그런 말씀을 하고 계신 것이다.

맹인이었다가 눈을 뜬 사람이 "하나님이 죄인의 말을 듣지 아니하신다"(요 9:31)고 말했는데, 이 말은 이러한 하나님의 진리와 완전히 일치하는 것이다. 여기서 '죄인'이란 말을 성경이 의미하는 것과 동일한 뜻으로 취하여 의에 대해서는 아무런 열심도 없고 그저 죄 가운데서 안연히 잠자고 있는 그런 사람을 뜻한다면 말이다. 거룩을 사모하지 않는 사람에게서 순전한 기도를 향한 마음이 생겨날리 만무하기 때문이다. 자기들의 순전함과 진실함에 호소하는 간구를 드림으로써, 성도들은 하나님의 모든 종들이 기대해야 마땅한 그런 하나님의 약속들을 그들 스스로 체험 속에서 확증하게 되는 것이다.

그러므로 원수들의 불법에서 구해 주시기를 구하며 하나님 앞에서 자기들을 원수들과 비교하는 경우 거의 언제나 성도들이 이런 식의 간구를 드리는 것을 보게 된다. 그렇게 비교하는 경우에, 성도들이 자기들의 순전함과 마음의 진실함을 토로하고, 또한 주께서 그들의 순전함을 보시고 그들에게 더 은혜를 베푸신다고 해도 놀랄 일이 아니다. 나의 의도는 경건한 성도에게서 주님 앞에서 순전함을 의식하여 하나님을 참되게 예배하는 자들에게 베푸시는 위로와 도우심의 약속들을 확신하는 특권을 빼앗고자 하는 것이 아니다. 다만 성도들이 자기들의 행위의 공적에 대한 생각을 완전히 뒤로 제쳐 두고, 오로지 하나님의 긍휼하심에 근거하여 기도의 응답에 대한 확신을 가져야 한다는 점을 말하고자 하는 것뿐이다.

11. 회개와 믿음, 그리고 두려움과 확신

기도의 네 번째 법칙은, 우리가 그렇게 자신을 낮추고 진정으로 겸손해져야 하지만 그럼에도 불구하고 기도의 응답에 대한 확실한 소망을 갖고 기도에 힘을 얻어야 한다는 사실이다. 하나님의 공의로운 보응하심과 하나님의 은혜로우심에 대한 확고한 신뢰는 사실 서로 모순되는 것처럼 보이기도 한다. 그러나, 자기 자신의 죄에 완전히 압도되어 있는 자들을 일으키는 것이 오직 하나님의 선하심이라는 사실을 생각하면 위의 두 가지 사실이 서로 완전한 조화를 이룬다는 것을 알 수 있다.

앞에서 이미 살펴 보았거니와, 회개와 믿음은 서로 뗄 수 없는 관계로 연합되어 있어서 언제나 함께 나아가는 것이다. 회개는 두려움을 자아내고, 믿음은 기쁨이 생기게 하는 것이다. 그러므로 기도에도 이 두 가지가 함께 존재하기 마련이다. 다음과 같은 다윗의 말씀이 이 사실을 잘 표현해 주고 있다:"나는 주의 풍성한 사랑을 힘입어 주의 집에 들어가 주를 경외함으로 성전을 향하여 경배하리이다"(시 5:7). 하나님의 선하심에 힘입어 다윗은 믿음을 갖지만 동시에 두려움(경외함)이 함께 있는 것이다. 하나님의 위엄이 우리로 하여금 경외하지 않을 수 없도록 할 뿐 아니라 우리 자신의 무가치함이 모든 교만과 자신감을 없애고 우리를 두려움 가운데 있게 만들기 때문이다.

여기서 '확신'을 말씀했는데, 이것은 온갖 근심이 마음에서 사라져서 편안하고도 안락한 완전한 안식 ― 마치 모든 일이 자기 소원대로 잘되고 있어서 근심과 걱정이 전혀 없고, 후회도 두려움도 없는 그런 사람들이 누리는 것 같은 안식 ― 가운데 있는 그런 상태를 뜻하는 것이 아니다. 사실 성도로 하여금 기도하도록 만드는 최선의 자극제는, 성도가 자기의 절실한 필요에 봉착하여 극도로 불안정함을 느껴서 절망에 빠져들어갈 바로 그때에 믿음이 와서 그 믿음의 도움을 받는 것이라 할 수 있을 것이다. 하나님의 선하심이 바로 그런 위기 속에서 환하게 드러나기 때문에, 비록 현재의 재난의 짐이 무거워 탄식하며 더 큰 재난에 대한 두려움으로 인하여 고통을 받고는 있지만, 그런 가운데서도 바로 이 하나님의 선하심을 신뢰하게 되고, 그리하여 어려움이 가벼워지고 결국 하나님께서 구원해 주시리라는 소망 가운데서 위로를 받게 되는 것이다.

그러므로, 신자의 기도는 반드시 이 두 가지 감정을 나타내며 그 영향을 드러내기 마련이다. 즉, 현재 당하는 어려움 때문에 탄식하며 새로운 어려움에 대한 두려움으로 초조해 하지만, 동시에 하나님께 의지하고 또한 하나님께서 도움의 손길을 펴시리라는 사실을 의심치 않는 것이다. 하나님의 선하심을 기대하지도 않으면서 그것을 구할 때에, 하나님께서 우리의 그런 불순함에 대해 얼마나 진노하시겠는가?

그러므로 기도할 때에 아무렇게나 되는대로 하지 말고, 믿음의 발자국을 좇아서 기도하여야 한다는 것을 확고한 원칙으로 삼는 일이야말로 정말 기도의 본질에 합당한 것이다. 그리스도께서는 "내가 너희에게 말하노니 무엇이든지 기도하고 구하는 것은 받은 줄로 믿으라 그리하면 너희에게 그대로 되리라"(막 11:24)라고 말씀하시면서 이러한 원리를 가르치신다. 또한 다른 구절에서도 동일한 사실을 가르치신다:"너희가 기도할 때에 무엇이든지 믿고 구하는 것은 다 받으리라"(마 21:22).

야고보의 교훈도 이 가르침과 일치한다:"너희 중에 누구든지 지혜가 부족하거든 모든 사람에게 후히 주시고 꾸짖지 아니하시는 하나님께 구하라 그리하면 주시리라 오직 믿음으로 구하고 조금도 의심하지 말라"(약 1:5-6). 야고보는 이리저리 의심하지 말라고 경고함으로써 믿음의 능력을 적절하게 표현해주고 있다. 그는 또한 의심의 자세로 하나님께 나아가며, 이리저리 주저하며, 과연 기도가 응답될지 어떨지에 대해서 확신을 갖지 못하는 사람들은 아무리 기도한다 해도 얻을 것이 전혀 없다는 점을 덧붙여 말씀하는데, 이 역시 아주 중요한 말씀이다. 그리하여 그는 다른 구절에서 순전한 기도를 가리켜 "믿음의 기도"(약 5:15)라 부르는 것이다. 뿐만 아니라 하나님은 각 사람에게 그 믿음을 따라서 주시리라고 그렇게 자주 선언하고 계시는데, 이는 곧 믿음이 없이는 아무것도 얻을 수 없다는 것을 암시하는 것이 아니겠는가?

간단히 말하면, 기도를 통해서 얻는 것은 모두가 믿음으로 말미암아 얻어지는 것이다. 무딘 사람들은 다음과 같은 사도 바울의 말씀에 주의를 기울이지 않지만, 이 유명한 바울의 말씀의 의미도 동일한 것이다:"그들이 믿지 아니하는 이를 어찌 부르리요? 듣지도 못한 이를 어찌 믿으리요?"(롬 10:14). 또한 "믿음은 들음에서 나며 들음은 그리스도의 말씀으로 말미암았느니라"(롬 10:17)라는 말씀 역시 동일한 의미이다. 사도 바울은 기도의 기원(起源)을 믿음에서 서서히 이끌어 내면서, 복음 선포를 통해서 하나님의 긍휼하심과 기뻐하시는 뜻을 깨닫고 충분히 납득하여 받아들인 사람들 이외에는 그 어느 누구의 간구도 들으시지 않는다는 사실을 분명하게 제시하고 있는 것이다.

12. 담대한 확신이 필요함

그러나 우리의 반대자들은 이러한 요구 사항에 대해서 전혀 생각하지를 않는다. 우리는 신자들이 기도의 응답에 대해서 굳건한 확신을 가져야 한다고 가르치지만, 그들은 이를 반대하면서 그것이야말로 세상에서 가장 모순된 말이라고 생각한다. 그러나 만일 그들이 참된 기도를 한 번이라도 체험한다면, 하나님께서 그의 자비하심에 대한 이와 같은 굳건한 확신이 없이는 기도를 들으시지 않는다는 사실을 분명히 깨달을 것이다. 사람이 믿음의 힘을 지각한다면 동시에 그 마음으로 그것을 느끼는 것이 당연한 이치이다.

그러니 그저 헛된 상상 이상의 것을 한 번도 지녀본 적이 없는 것이 확실한 이런 사람들과 논란을 벌인들 무슨 유익이 있겠는가? 우리가 말하고 있는 그 확신의 가치와 필연성은 주로 기도를 통해서 배우는 것이다. 이 점을 보지 못하는 사람은 자신이 어리석은 양심을 지니고 있다는 증거를 스스로 드러내는 것이다. 그러므로, 그렇게 눈이 멀어 있는 사람들은 그냥 그대로 두고, 우리는 사도 바울의 가르침을 깊이 생각하도록 하자. 곧, 복음으로부터 하나님의 긍휼하심에 대한 지식을 얻고, 또한 그 긍휼하심이 자기들에게 베풀어진다는 굳건한 확신을 가진 사람들만이 하나님께 아뢸 수 있다는 가르침 말이다.

만일 다음과 같은 기도를 한다면 어떨까? "오 주여, 주께서 제 간구를 들으실지 듣지 않으실지 정말 의심스럽사옵니다. 그러나 제 마음에 근심이 가득하여 주께로 나아가오니, 제 기도를 들으실 가치가 있다고 여기시면 저를 도와주소서." 성경에 나타나 있는 성도들의 기도 가운데 이런 식의 기도는 하나도 없다. 성령께서는 그렇게 기도하라고 가르치시지 않는다. 오히려, "우리가 긍휼하심을 받고 때를 따라 돕는 은혜를 얻기 위하여 은혜의 보좌 앞에 담대히 나아갈 것이니라"(히 4:16)고 말씀하며, 또한 "그를 믿음으로 말미암아 담대함과 하나님께 당당히 나아감을 얻느니라"(엡 3:13)고도 가르치고 있다. 그러므로, 그런 신뢰를 가질 것을 주께서 명하고 계시며, 또한 모든 성도들이 모범을 통해서 그것을 가르치고 있으니, 구하는 바를 얻으리라는 신뢰가 반드시 우리에게 있어야 하는 것이다. 그러한 신뢰와 확신을 두 손으로 든든히 붙들어야만 우리의 기도가 유익을 얻게 되는 것이다.

하나님께서 받으실 만한 기도는 오직 이러한 믿음의 근거에서 나오는 — 이런 표현을 쓸 수 있을지 모르겠지만 — 기도요, 따라서 소망에 대한 충만한 확신에 기초한 기도다. 사도는 그냥 믿음이라는 용어만 사용해서도 자신의 논지를 제시할 수 있었으나, 그는 신뢰와 담대함과 당당함이라는 말을 거기에 덧붙이고 있다. 말하자면, 이런 표지를 통해서, 하나님께 기도하는 모습을 지녔으면서도 그저 아무렇게나 되는대로 기도하는 불신자들과 우리들이 서로 확연히 구분된다는 것이다.

그러므로 시편에서는 교회 전체가 이렇게 기도한다: "우리가 주께 바라는 대로 주의 인자하심을 우리에게 베푸소서"(시 33:22). 다른 시편에서도 동일한 사실을 제시하고 있다: "내가 아뢰는 날에 내 원수가 물러가리니 이것으로 하나님이 내 편이심을 내가 아나이다"(시 56:9), "아침에 내가 주께 기도하고 바라리이다"(시 5:3).

이런 말씀들에서 우리는, 마치 망대에서 바라보듯이 하나님을 조용히 기다리며 바라보는 믿음이 함께 수반되지 않는다면, 그 기도는 헛된 것이라는 사실을 깨닫게 된다. 이는 바울 사도께서 권면하신 순서와도 일치한다. "항상 성령 안에서 기도하고 이를 위하여 깨어 구하기를 항상 힘쓰며"(엡 6:18)라고 권면하기 전에, 먼저 신자들이 "믿음의 방패를 가지고 … 구원의 투구와 성령의 검, 곧 하나님의 말씀을 가지라"(엡 6:16-17)고 말씀하는 것이다.

독자들은, 여기서 내가 앞에서 말씀드린 사실을 기억하기를 바란다. 곧, 물론 믿음과 더불어서 우리의 비참한 상태와 궁핍함과 부패성에 대한 인식이 우리에게 함께 있지만, 그러나 믿음은 절대로 헛되지 않다는 사실 말이다. 아무리 스스로 무거운 부정함에 짓눌려 있고 하나님께 자비를 얻을 만한 것이 전혀 없고 오히려 수많은 죄 때문에 하나님께 혐오의 대상이 되어 있다 할지라도, 신자는 끊임없이 하나님께 나아가는 법이다. 자기 자신에 대한 그런 느낌이 있다고 해서, 하나님의 임재 앞에 나서기를 주저하지 않는 것이다. 하나님께 나아가는 다른 방도가 없기 때문이다.

순전한 기도는 우리 자신을 하나님 앞에서 교만하게 높이거나 우리 자신에게 속한 어떤 것에 큰 가치를 부여하는 것이 아니다. 순전한 기도는 오히려, 우리의 죄과를 고백하며 하나님 앞에 우리의 슬픔을 토로하며, 마치 자녀가 그 부모에게 하듯 친밀하게 우리의 필요를 내어 놓는 것이다. 아니, 우리의 죄악이 무한히 많이 쌓여 있는 만큼 기도로 하나님 앞에 나아갈 마음이 더 크게 생겨나는 법이다. 이에 대해서 시편 기자는 우리에게 한 가지 실례를 보여 준다:"내가 주께 범죄하였사오니 내 영혼을 고치소서"(시 41:4). 진정으로 고백하는 말이지만, 하나님께서 도와주시지 않으신다면, 우리의 죄과가 우리를 찔러서 우리는 치명적인 상처를 받고야 말 것이다. 그러나 이 때에 하늘에 계신 우리 아버지께서는 말로 다할 수 없는 자비로 우리를 치료해 주시고, 우리의 모든 불안을 진정시키시며, 우리의 염려를 가라앉히시고, 우리의 두려움을 몰아내사 우리를 그에게로 이끄시는 것이다. 모든 장애물을 제거하시는 것은 물론 우리의 모든 의심까지도 제거하사 우리 앞에 놓인 길을 평탄하게 만들어 주시는 것이다.

13. 기도의 동기 — 하나님의 명령과 약속

사실, 무엇보다도 하나님께서 기도하라고 명령하셨기 때문에, 우리가 이에 순종치 않을 경우 그 명령 자체가 우리의 불경한 불순종을 정죄한다. 시편에 나타나 있는 "환난 날에 나를 부르라"(시 50:15)라는 명령보다 더 정확한 명령이 어디 있겠는가? 경건의 의무 가운데 이것보다 성경에서 더 자주 명령하는 것이 없기 때문에, 이것에 대해서는 굳이 여기서 길게 말할 필요가 없을 것이다. 주님은 "구하라 그러면 너희에게 주실 것이요 찾으라 그러면 찾을 것이요 문을 두드리라 그러면 너희에게 열릴 것이니"(마 7:7)라고 말씀하신다. 여기에는 사실상 명령 이외에 약속이 함께 붙어 있는데, 이 약속이 반드시 있어야만 하는 것이다. 우리가 하나님의 명령에 순종해야 한다고 모두들 고백하기는 하지만, 만일 하나님께서 기도를 들으시고 응답하시리라고 약속하지 않으셨다면, 하나님의 그런 명령을 그냥 무시해 버릴 사람들이 더 많을 것이기 때문이다.

그런데 이 두 가지 — 곧, 명령과 약속 — 가 분명히 제시되어 있기 때문에, 하나님께 직접 나아가서는 안 된다고 트집을 잡으며 주장하는 모든 사람들은 불순종과 반역의 죄를 짓는 것일 뿐 아니라, 하나님께서 하신 약속들을 신뢰하지 못하는 것이기도 하므로 불신앙의 죄를 짓고 있는 것이다. 이 점을 주의 깊게 생각해야 한다. 외식하는 자들은 겸손과 온유함을 겉으로 가장하면서, 교만하게도 기도하라는 하나님의 명령을 멸시하며 또한 하나님의 그 은혜로우신 초청의 신빙성을 아예 부인해 버린다. 아니, 하나님께 드리는 예배의 가장 중요한 부분을 빼앗아 버리는 것이다. 거룩함의 모든 것이 희생 제사에 있는 것으로 여겨지던 그 당시에 하나님은 희생 제사를 받지 않으셨다. 그러면서 오히려 다른 무엇보다도 환난의 날에

하나님께 부르짖고 구하는 것이 하나님 보시기에 아름답고 귀한 것이라고
선언하셨다. 그러므로 하나님 자신의 것을 우리에게 요구하시면서 부지런
히 순종하라고 말씀하실 때에는, 그 어떠한 의심의 구실도 우리에게 핑계
거리가 될 수 없는 것이다. 그러므로 성경 전체에서 기도하라고 명령하는
모든 구절들이 수많은 깃발처럼 우리 눈 앞에 분명히 드러나 있어서, 우리
에게 신뢰를 불러일으키는 것이다. 만일 하나님께서 먼저 우리에게 초청하
셔서 우리가 나아오기를 미리 예상하고 계시지 않는다면, 우리가 하나님의
임재 앞에 나아간다는 것은 그야말로 건방진 행위일 것이다. 그렇기 때문
에 하나님은 친히 자신의 음성으로 그에게 나아갈 길을 우리에게 활짝 열
어 놓고 계시는 것이다:"나는 말하기를 이는 내 백성이라 할 것이요 그들
은 말하기를 여호와는 내 하나님이시라 하리라"(슥 13:9).

  자, 하나님은 이렇듯 예배하는 자들이 자기에게 나아올 것을 예상하고
계시고 또한 그들이 그 명령을 따르기를 원하고 계시는 것이다. 그러니 하
나님 자신이 말씀하신 대로 따르면서 혹시 하나님께서 기뻐하시지 않으면
어떻게 할까 하고 두려워할 필요가 없는 것이다.

  여기서 특별히 염두에 두어야 할 것은 하나님의 성품에 대한 성경의 고
상한 묘사다. 바로 그러한 성경의 묘사를 그대로 신뢰하면 모든 장애물을
쉽게 극복할 수 있을 것이다:"기도를 들으시는 주여 모든 육체가 주께 나
아오리이다"(시 65:2). 간구하는 자의 기도를 들으신다는 사실보다 하나
님의 본성에 어울리는 것이 없다는 확신을 우리에게 주는 그런 묘사를 성
경이 하나님에 대하여 하고 있다는 사실보다 과연 더 기쁘고 위로를 주는
것이 어디에 있겠는가? 그러므로 시편 기자는 그저 몇몇 특별한 개인들에
게만 이처럼 하나님께 자유로이 나아가는 특권이 주어진 것이 아니라 모
든 사람들에게 그런 특권이 주어졌다는 사실을 암시하는 것이다. 왜냐하면
하나님께서 모든 사람들을 향하여, "환난 날에 나를 부르라 내가 너를 건
지리니 네가 나를 영화롭게 하리라"(시편 50:15)라고 말씀하시기 때문이
다. 그리하여 다윗도 자신이 구하는 바를 얻기 위하여 이러한 약속에 의지
하여 간구하는 것을 볼 수 있다:"만군의 여호와 이스라엘의 하나님이여

주의 종의 귀를 여시고 이르시기를 내가 너를 위하여 집을 세우리라 하셨으므로 주의 종이 이 기도로 구할 마음이 생겼나이다"(삼하 7:27). 만일 그에게 그런 하나님의 약속이 없었더라면 그렇게 기도하기를 두려워했을 것이라는 뜻이 암시되어 있는 것이다. 또한 다른 구절에서는 "그는 자기를 경외하는 자의 소원을 이루시리라"(시 145:19)는 일반적인 원리에 의지하는 것을 본다. 아니, 시편 전체에서 우리는 기도가 중간에 끊어지고, 하나님의 능력이나 하나님의 선하심, 또 어떤 경우는 하나님의 약속의 미쁘심을 거론하는 경우를 얼마나 자주 보는지 모른다. 어쩌면 다윗이 이런 갖가지 정서들을 갑자기 거론하여 기도의 맥을 끊어 버리는 것처럼 보일 수도 있을 것이다.

그러나 신자들이 경험으로 잘 알고 있는 대로, 새로운 힘을 공급받지 않으면 열심이 식어버리는 법이다. 그러니 기도 중에 하나님의 말씀을 묵상하거나 그의 속성에 대해서 묵상하는 일이 결코 쓸데없는 것이 아닌 것이다. 다윗의 모범을 본받기를 주저하지 말자. 그리하여 우리의 식어진 마음을 새로운 활력으로 새롭게 할 수 있도록 기도에 생각을 도입하도록 하자.

14. 약속을 의지하여 기도함

그러나 이처럼 기쁜 약속들이 있음에도 불구하고 우리가 오히려 차가워지고 그런 약속에 전연 마음의 변화가 없어서, 대개의 사람들이 값없이 풍성하게 주어진 그 하나님의 은혜를 받아들이기보다는 오히려 이리저리 방황하며 생수의 샘을 버리고 물 없는 웅덩이를 파기를 더 좋아하고 있으니, 이 얼마나 이상한 일인지 모르겠다. 솔로몬은 말하기를, "여호와의 이름은 견고한 망대라 의인은 그리로 달려가서 안전함을 얻느니라"(잠 18:10)라고 했다. 또한 요엘 선지자는 무서운 재난이 눈 앞에 와 있음을 예언한 다음 다음과 같은 귀한 말씀을 덧붙이고 있다:"누구든지 여호와의 이름을 부르는 자는 구원을 얻으리라"(욜 2:32). 이것이 복음의 나아가는 과정을 일컫는 것임을 우리는 잘 알고 있다(참조. 행 2:21). 백 사람에 한 사람도 감동을 받아 하나님의 임재 앞에 나아가지를 않지만, 하나님께서는 이사야 선지자를 통해서 이렇게 외치신다:"그들이 부르기 전에 내가 응답하겠고 그들이 말을 마치기 전에 내가 들을 것이라"(사 65:24). 그리고 다른 곳에서 하나님께서는 이러한 존귀한 사실을 그리스도의 몸에 속하는 모든 사람들 — 곧 교회 전체 — 에게 베푸시는 것을 보게 된다:"그가 내게 간구하리니 내가 그에게 응답하리라. 그들이 환난 당할 때에 내가 그와 함께 하여 그를 건지리라"(시 91:15). 이미 앞에서도 살펴보았거니와, 나의 의도는 모든 구절들을 다 열거하려는 것이 아니다. 다만 몇몇 두드러진 구절들을 선별적으로 살펴봄으로써 하나님께서 얼마나 따뜻하게 우리를 자기에게로 이끌고 계시는가 하는 것을 표본으로 보며, 또한 그런 하나님의 부르심이 있는 데도 불구하고 여전히 게으름을 피우며 뒤로 처져 있다면 그것이 얼마나 큰 배은망덕인가를 보여 주고 싶은 것뿐이다.

자, 이 말씀들이 우리의 귀에 항상 쟁쟁하게 울리도록 해야 하겠다:"여호와께서는 자기에게 간구하는 모든 자 곧 진실하게 간구하는 모든 자에게 가까이 하시는도다"(시 145:18). 또한 앞에서 인용한 이사야서와 요엘서의 구절들에서 나타나는 대로 하나님께서 우리의 기도에 귀를 기울이신다고 선포하며, 또한 우리의 염려를 그에게 내어 놓는 그것을 아름다운 희생 제사의 향기만큼 즐겁게 받으신다는 말씀들도 마찬가지로 귀에 쟁쟁하게 울리도록 하자. 주저함이나 두려움이 없이 기도하며, 또한 그 엄위하신 하나님의 말씀을 의지하여 감히 하나님을 아버지로 부를 때에 — 황공스럽게도 하나님께서 우리에게 이 친근한 이름으로 부르라고 말씀하셨으므로 — 이 말씀들에 제시되어 있는 약속들의 특별한 혜택들을 우리가 누리게 되는 것이다.

이러한 하나님의 초청과 부르심이 든든하게 있으니, 우리에게는 기도할 거리가 충분하게 있다는 것을 알 수 있다. 기도가 절대로 우리 자신의 공로에 의존하는 것이 아니고, 그 모든 가치와 성공의 소망이 바로 하나님의 약속에 기초하고 근거하는 것이므로, 기도할 때에 다른 것에 기댈 필요가 전연 없고, 여기저기 도움을 구하려고 기웃기웃할 필요가 없기 때문인 것이다. 그러므로 우리가 명심해야 할 사실은, 물론 우리의 삶이 족장들이나 선지자나 사도들의 그 칭송받는 거룩한 삶과 비교할 수 없지만, 그러나 기도하라는 명령은 그들에게나 우리에게나 동일하게 주어졌고, 또한 믿음도 그들에게나 우리에게나 공통이므로, 하나님의 말씀에 의지하면 이러한 특권을 받는다는 점에서 우리가 그들의 동료가 된다는 사실이다. 이미 앞에서 살펴 보았듯이, 하나님께서는 모든 사람의 간구를 들으시고 베푸실 것이라고 선언하고 계시며, 따라서 아무리 비참한 지경에 처한 사람이라도 그 구하는 것을 얻으리라는 소망을 갖게 되는 것이다. 그러므로 우리는 성경에 나타나 있는 전체를 뜻하는 표현들에 주의를 기울여야 한다. 그런 표현들은 통상적으로 처음부터 마지막까지 아무도 제외시키지 않는 것이다. 다만 진실한 마음과 자기 혐오와 겸손, 그리고 믿음이 있어야 할 것이다. 그래야만 거짓되고 외식된 기도로 하나님의 이름을 더럽히지 않을 것이 아니겠는가?

긍휼이 풍성하신 하나님께서는 그에게 나아오도록 사람들을 격려하실 뿐 아니라 모든 가능한 방법을 동원하여 강권하고 계시니, 그에게 나아오는 자들을 절대로 거부하지 않으실 것이다. 그러므로 앞에서 살펴본 다윗의 기도 방법이 여기서 나오는 것이다:"만군의 여호와 이스라엘의 하나님이여 주의 종의 귀를 여시고 이르시기를 내가 너를 위하여 집을 세우리라 하셨으므로 주의 종이 이 기도로 구할 마음이 생겼나이다. 주 여호와여 오직 주는 하나님이시며 주의 말씀이 참되시니이다. 주께서 이 좋은 것을 주의 종에게 말씀하셨사오니 … 주의 종의 집이 영원히 복을 받게 하옵소서"(삼하 7:27-29). 그리고 다른 구절에서는 "주의 종에게 하신 말씀대로 주의 인자하심이 나의 위안이 되게 하시옵소서"(시 119:76)라고 기도한다. 그리고 이스라엘 백성 전체는 여호와의 언약을 기억하고 그 언약에 근거하여 분명히 선언하기를, 하나님께서 그렇게 하라고 명하시니 겁에 질린 마음으로 기도하지 않으리라고 한다. 이 점에서 그들은 족장들의 모범을, 특히 야곱의 모범을 그대로 따르는 것이다. 야곱은 자신은 여호와의 손에서 받은 그 수많은 은혜들을 도무지 감당치 못하겠다고 고백하면서 말하기를, 오히려 그보다 더 큰 것들을 구할 용기가 생겼다고 한다. 왜 그런가? 하나님께서 그것들을 주시리라고 이미 약속하셨기 때문이라는 것이다.

그러나 불신자들은 온갖 구실을 갖다 대면서, 어려움이 생겨도 하나님께 피하지도 않고 그를 찾지도 않고 그의 도우심을 구하지도 않지만, 그들은 그런 행위로써 하나님께서 받아 마땅하신 존귀를 하나님에게서 찬탈하는 것이다. 이것은 그들 스스로 새로운 신과 우상을 만들어 세우는 것과 마찬가지 행위다. 왜냐하면, 그런 행위는 바로 하나님이 그들이 누리는 모든 복의 주인이시요 근원이시라는 사실을 부인하는 것이기 때문이다.

그러나 반대로 경건한 사람들은, 하나님의 명령에 순종하면 그 어떠한 것도 장애물이 될 수 없다는 생각으로 무장하여 온갖 두려움과 의심에서 자유함을 얻는다. 순종보다 더 기뻐하시는 것이 없다고 하나님께서 친히 선포하셨기 때문이다. 그러므로 앞에서 말씀한 사실이 여기서 더욱 분명해진다. 즉, 기도할 때에 담대한 마음을 갖는 것이 두려움과 경외심과 조바심의 자세와 아주 잘 부합된다는 사실과, 또한 하나님 앞에 엎드려 부복한 자들을 하나님께서 일으키신다 해도 전연 이상한 일이 아니라는 사실 말이다. 그러므로 겉으로 보기에 모순인 것 같은 표현 형식들이 아름답게 조화를 이루는 것을 본다.

예레미야와 다윗은 하나님 앞에 그들의 간구할 바를 겸손하게 내려 놓는다. 예레미야는 이렇게 말씀한다:"당신은 우리의 탄원를 들으시고 이 남아 있는 모든 자를 위하여 당신의 하나님 여호와께 기도해 주소서"(렘 42:2). 한편 신자들이 기도를 올린다는 말씀도 자주 듣는다. 히스기야도 선지자에게 하나님께 간구해 달라고 말씀하면서 그렇게 말씀한다. 그리고 다윗도, "나의 기도가 주의 앞에 분향함 같이 되며 나의 손 드는 것이 저녁 제사 같이 되게 하소서"(시 141:2)라고 기도한다. 이에 대해 설명하자면, 신자들은 아버지 되신 하나님의 사랑에 용기를 얻고, 그의 신실하심을 즐거이 의지하여 그가 값없이 주시는 도움을 아무런 주저함 없이 담대하게 구하지만, 그렇다고 해서 그들이 생각 없이 뻔뻔스러운 자신감으로 의기양양해지지 않는다는 것이다. 계속해서 약속의 사다리를 올라가며, 그러면서도 계속해서 겸손하게 자신을 낮추어 하나님께 간구를 올려드리는 것이다.

(하나님은 결점이 있는 기도도 들으심, 15-16절)

15. 잘못된 기도에 대한 응답

여기서 몇 가지 의문이 생긴다. 하나님께서 때로는 안정되지 못하고 정상적이지 못한 마음에서 우러나오는 기도를 들어주시기도 한다는 사실을 성경이 말씀하기 때문이다. 요담이 세겜의 거주민들을 저주했으나, 이것은 대의명분(大義名分)은 있으나 감정적인 분노와 복수심에서 나온 것이었다. 그런데도 그 저주가 그들에게 그대로 이루어졌다(삿 9:20). 그러므로 이를 근거로 보면, 감정적인 충동에 의해서 저주를 해도 그것을 하나님이 들어주시고 인정해 주시는 것처럼 보이는 것이다.

이와 비슷한 격렬한 감정에 휩싸여 삼손은 하나님께 구하기를, "하나님이여 구하옵나니 이번만 나를 강하게 하사 나의 두 눈을 뺀 블레셋 사람에게 원수를 단번에 갚게 하옵소서"라고 하였다(삿 16:28). 물론 삼손의 마음에는 선한 열심이 섞여 있기는 했다. 그러나 그의 마음을 사로잡고 있었던 것은 이글이글 타오르는 격한 복수심이었다. 그런데도 하나님은 이 기도를 들어 주셨다. 그러니 말씀의 원리에 부합되지 않는 기도도 효과가 있다는 식의 생각이 맞는 것처럼 보이는 것이다.

그러나 이런 의문에 대해서 나는 이렇게 답하고 싶다. 첫째로, 보편적인 원리를 몇 가지의 개별적인 실례를 근거로 폐기시킬 수는 없다는 것이요, 둘째로, 몇몇 개인의 경우에 때때로 특별한 사정이 적용되어서 일반적인 사람들의 경우와는 달리 취급되기도 한다는 점이다. 제자들이 분별이 없이 옛날 엘리야가 행한 대로 행하기를 청할 때에 주님이 그들에게 하신 말씀도 주의 깊게 보아야 한다. 주님은 그때에 "너희가 무슨 정신으로 말하는지 모르는구나"(눅 9:55)라고 책망하셨다. 그러나 여기서 한 걸음 더 나아가서, 하나님께서 사람의 간구를 들으시지만 그 간구들이 언제나 하나님께 기쁨이 되는 것은 아니라는 점을 알아야 한다. 그런데도 하나님께서 허락하시는 이유는 그렇게 해야 할 필연성이 거기에 있기 때문이다. 실제적인 모범을 통해서 성경의 가르침에 대한 분명한 증거를 주실 필요가 있기 때문인 것이다. 즉, 하나님은 비참한 처지에 있는 자들을 도우시며, 부당하게 고통 중에서 도우심을 구하는 자들의 탄식을 들으신다는 것이다. 그러므로 불쌍한 사람들의 호소가 그에게 올라갈 때에 그 호소들이 비록 하나님 편에서 주의를 기울일 만한 가치가 전연 없을지라도 하나님은 심판을 실행하신다. 하나님께서 악인의 잔인함과 강탈, 폭력, 욕정 그리고 기타 범죄들에 대해서 형벌을 가하시고, 교만과 격렬한 분노를 억누르시며, 또한 폭정을 일삼는 권력을 전복시키신 일이 얼마나 많은가? 그리하여 하나님께서 아무리 미미한 자들이라도 억눌림을 당하며 신음하면서 자기들도 모르는 미지의 신적 존재에게 그저 헛되이 허공을 치듯 도움을 구할지라도 그들을 도우시는 분이심을 스스로 만방에 드러내신 일이 또한 얼마나 많은가?

기도가 믿음으로 말미암아 하늘에까지 상달되지 못한다 할지라도 효과가 전혀 없는 것이 아니라는 사실을 분명히 가르쳐 주는 시편이 있다(시 107편). 이 시편에서는 신자들은 물론 불신자들까지도 곤란을 당하여 거의 본능적으로 행하는 기도들을 열거하면서, 하나님께서 은혜로 그 기도들을 들으신다는 사실을 보여 준다.

그러나 그런 기도들을 들어주신다고 해서 그 기도들이 하나님께 합당하다 할 수 있을까? 아니다. 그 사실은 첫째로, 하나님께서 심지어 불신자들의 소원까지도 물리치지 않으시며 긍휼을 베푸신다는 사실을 높이 기리고 드러내는 것이다. 그리고 둘째로, 진실로 하나님을 경배하는 자들을 격려하여 더욱 절실하게 기도하게 해 주는 것이다. 불신자들의 안타까운 호소까지도 들어주실 때가 있다는 것을 보면서 어떻게 간절히 기도하지 않을 수가 있겠는가?

그러나 그렇다고 해서 신자들이 하나님께서 부여하신 법도에서 벗어나거나, 불신자들이 자기들의 원하는 것을 상당히 많이 얻는다고 생각하여 그들을 오히려 부러워하는 것은 있을 수 없는 일이다. 앞에서 본 바와 같이, 하나님은 아합 왕이 겉으로만 회개하는 척할 때에 그것을 받아들이셨다. 그러니, 하나님의 택한 백성이 진정으로 회개하고 하나님의 자비를 구할 때에야 얼마나 확실하게 응답하시겠는가? 아합 왕의 회개를 받아들이신 것은 바로 그 점을 보여 주시기 위함이었던 것이다. 그러므로, 유대인들이 하나님께서 자기들의 기도를 기꺼이 들어 주시는 것을 체험하고서도 얼마 지나지 않아서 다시 죄악된 생활로 되돌아가자 하나님께서는 그들을 꾸짖으신다. 사사기에서 분명히 나타나듯이, 그들이 슬피 울 때마다 ― 그들의 눈물이 가식적인 것이었지만 ― 하나님께서는 번번이 그들을 대적의 손에서 구원해 주셨다. 그러므로, 악인과 선인을 구별하지 않고 모두 똑같이 햇빛을 주시듯이, 하나님께서는 선한 뜻을 가진 자들의 눈물을 멸시하지 않으시고 위로하시는 것이다.

그러나 한편, 하나님께서 그들의 기도를 들으시는 것은 사실이지만 그것은 구원과 관련된 것이 아니다. 그저 하나님의 선하심을 경멸하는 악인들에게도 먹을 것을 주시는 것과 똑같은 이치인 것이다.

아브라함과 사무엘의 경우는 문제가 좀 더 어렵다. 아브라함은 하나님의 말씀의 지시가 없었는데도 소돔 사람들을 대신해서 기도했고, 사무엘은 사울을 버리시겠다는 여호와의 분명한 뜻을 알고도 사울을 위해서 기도한 것을 본다(창 18:23; 삼상 15:11). 또한 예루살렘 성이 함락되지 않게 해달라고 기도한 예레미야 선지자의 경우도 이와 비슷하다(렘 32:16). 그들의 기도가 거절된 것은 사실이다. 그러나 그들이 믿음이 없이 기도했다고 본다면, 그것은 좀 심한 것 같다. 합리적인 생각을 갖고 있는 독자라면, 다음과 같은 설명에 만족하리라 믿는다. 곧, 전혀 가치 없는 자들까지라도 불쌍히 여기라고 명하시는 하나님의 일반적인 원리에 근거할 때에, 그들이 전혀 믿음이 없었다고는 말할 수 없다는 것이다. 물론 그 구체적인 경우에 그들의 소원이 응답되지 않았지만 말이다.

아우구스티누스는 아주 예리하게 다음과 같이 말씀하고 있다:"하나님께서 작정하신 바와 반대되는 일을 하나님께 구할 때에, 성도는 과연 어떻게 믿음으로 기도하겠는가? 그들은 하나님의 뜻에 따라 기도하는 것이다. 하나님의 감추어진 불변의 뜻에 따라서가 아니라 하나님께서 그들에게 깨닫게 해 주시는 뜻에 따라 기도하며, 하나님의 지혜로우신 판단에 따라서 다른 방식으로 들어주시도록 구하는 것이다."

이 말이 과연 옳다. 하나님은 인간으로서는 도무지 깨달을 수 없는 깊으신 계획에 따라서 일을 이루어 가시는 중에, 성도들의 기도들이 — 비록 믿음과 오류가 뒤섞여 있지만 — 헛되지 않도록 하시는 것이다. 그러나, 이런 경우들을 모방해서도 안 될 것이요, 동시에 성도들 스스로 변명거리로 삼아서도 안 될 것이다. 정도를 넘어서서 그렇게 하는 경우가 많이 있는 것을 부인할 수가 없다. 그러므로, 분명한 약속이 제시되어 있는 경우가 아니면, 하나님께 간구할 때는 반드시 거기에 조건을 덧붙여야 하는 것이다. 여기서 우리는 "깨소서, 주께서 심판을 명하셨나이다"(시 7:6)라는 다윗의 기도를 본받을 수 있을 것이다. 그는 자신이 세속적인 유익을 위해서도 기도하라는 특별한 지시를 받았음을 보여 주고 있기 때문이다.

16. 기도의 응답은 오직 하나님의 용서하심을 통해서 얻어짐

또한 여기서 주의해야 할 중요한 사실은, 내가 지금까지 다룬 기도의 네 가지 법칙은 지나치게 정도 이상으로 강요할 것이 아니라는 사실이다. 마치 완전한 믿음이나 완전한 회개가 기도에 담겨 있지 않으면, 그리고 간절한 열심과 소원이 합당하게 구성되어 있지 않으면, 하나님께서 그런 기도를 들으시지 않는다는 식으로 생각하지는 말아야 한다는 말이다. 이미 말했듯이, 기도란 신자들이 하나님과 나누는 친밀한 교제요 교통이지만 그럼에도 불구하고 경외의 자세와 겸손한 마음을 갖고서, 우리의 잡다한 소원들을 마구 늘어놓는다든지 하나님이 허락하시는 범위를 넘어서는 것을 구한다거나 하지 않도록 해야 한다. 그리고 더 나아가서, 하나님의 위엄을 멸시하는 일이 없도록 우리의 마음을 순결하고 순전하게 높여야 하는 것이다.

그러나 이러한 것을 완전무결하게 실천하여 기도한 사람은 아무도 없다.

보통 사람의 경우는 그만 두고라도, 다윗의 경우에 하나님께 간구할 때에 무절제한 모습을 보인 경우가 얼마나 많은가? 그가 의도적으로 하나님께 감히 충고하려 했다거나 그의 판단에 투덜거렸다는 뜻은 물론 아니다. 다만, 자신의 연약함으로 인하여 넘어질 때에 하늘에 계신 아버지의 품 속에 자신의 한(恨)을 쏟아 붓는 것 이외에 다른 위로를 찾지 못했던 것이다. 그러나 하나님은 우리의 더듬거리는 것까지도 용납하신다. 그리고 무언가 우리 속에서 격하게 올라오면 그것을 우리의 무지(無知) 때문으로 여기셔서 용서해 주신다. 과연 이처럼 용납하시는 것이 없다면, 우리는 도무지 자유로이 기도하지를 못할 것이다. 다윗이 물론 하나님의 뜻에 전적으로 복종하려는 의도를 갖고 있었고 또한 열심히 인내로 기도했지만, 그럼에도 불구하고 때때로 속에서 격한 감정이 올라오고 때로는 겉으로 폭발하는 경우도 있었다. 이것은 우리가 세운 첫째 법칙과 적지 않게 모순을 일으키는 것이다.

　구체적으로 말해서 시편 39편의 한 구절을 보면, 다윗이 자신의 격한 슬픔을 이기지 못하고 그 한계를 지키지 못하는 상황에 있는 것이 나타난다:"주는 나를 내버려 두사 내가 떠나 없어지기 전에 나의 건강을 회복시키소서"(13절). 이는 하나님께서 자기를 떠나시기를 바라고 환난 가운데 망하도록 그냥 내버려 두시기를 바라는 절박한 사람에게서 나오는 처절한 절규로 이해할 수 있을 것이다. 그의 경건한 마음이 그런 무절제함에 완전히 압도당했다거나 아니면 불신자들이 하듯이 하나님과 이제는 관계를 완전히 절연하기를 바라는 것이 아니다.

　그는 다만 하나님의 진노하심을 도저히 견디지 못하는 처지에 대해서 절규하는 것이다. 그런 시련을 당할 때에는 하나님의 말씀의 법도와 모순되는 그런 바람이나 소원들이 성도에게서 튀어나올 경우도 있다. 그리고 그럴 경우에는 성도들이 무엇이 합당하며 무엇이 적절한지를 제대로 생각하지 못하기도 하는 것이 사실이다. 사실 이러한 결점들을 지닌 기도들은 마땅히 응답되지 말아야 하는 것이 정상일 것이다. 그러나 그럴지라도 성도들이 자기들의 죄악을 애통해하며, 스스로 잘못을 고치며, 정상적인 모습으로 돌아가면 하나님께서는 용서하시는 것이다.

두 번째 법칙에 대해서도 비슷한 잘못을 저지르는 예가 많다. 심령이 차가운 상태에서 애쓰며, 기도에 대한 절실한 마음과 자기의 비참한 상태에 대한 간절한 마음이 없어서 진지하고 간절한 기도에 이르지 못하는 경우가 많은 것이다. 또한 기도 중에 정신이 산만해지며 마음이 거의 다른 데 가 있는 경우도 많이 나타난다. 그러므로 이 점에 있어서도 하나님의 용서가 필요하다. 그렇지 않으면 그런 기도는 지지부진하거나 이리저리 끊어지고 헤매다가 하나님께 거부를 당하고 말 것이다.

하나님께서 우리의 마음에 심어 놓으신 자연스러운 느낌 가운데 하나는, 생각이 위를 향하지 않은 상태에서 드리는 기도는 순전하지 못하다는 것이다. 그렇기 때문에 우리는 기도할 때에 두 손을 높이 드는 행위를 한다. 이는 시대마다 민족마다 다 알려져 있는 행위요, 오늘날 우리 가운데서도 여전히 아주 비근하게 행해지고 있다. 그런데, 그렇게 두 손을 높이 들고 기도하면서도 마음이 땅에 붙들려 있는 자신의 무기력한 상태를 의식하지 않는 사람이 어디 있겠는가?

죄 용서를 구하는 간구에 대해서도 — 물론 신자들이 그 간구를 빼먹는 일은 없지만 — 진정으로 기도하는 사람들은 모두 다윗이 말씀하는 제사의 십분의 일도 드리지 못한다고 느끼게 된다:"하나님께서 구하시는 제사는 상한 심령이라. 하나님이여 상하고 통회하는 마음을 주께서 멸시하지 아니하시리이다"(시 51:17). 그러므로 두 가지 용서를 항상 구해야 할 것이다. 첫째는, 우리들의 기도에 많은 결점들이 있음을 알기 때문이다. 그런 결점들이 있음을 느끼면서도 자기 자신들의 그런 상태에 대해서 그저 덤덤하게 지나가는 그런 모습에 대해서 용서를 구해야 하는 것이다. 그리고 둘째는, 하나님께 회개하고 그를 두려워하여 은혜를 누릴 수 있게 되었을 경우에, 자기들이 범한 잘못에 대하여 정당하게 슬퍼하며 마음을 낮추고 재판장이신 하나님께 그 잘못에 대한 형벌을 사해 주시기를 위하여 구해야 하는 것이다.

만일 하나님께서 불쌍히 여기셔서 도우시지 않을 경우에, 무엇보다도 가장 기도를 해치는 것은 믿음의 연약함 또는 믿음의 불완전함이다. 하나님은 마치 그의 백성들의 믿음을 완전히 제거시키기를 원하기라도 하듯이 그들에게 극심한 시련을 허락하시고 베푸시는 경우가 자주 있다. 그런데 그런 하나님께서 이러한 믿음의 연약함과 불완전함을 용납해 주신다. 이것은 놀랄 일이 아니다. 그러한 극심한 시련 가운데서 신자들이 어쩔 수 없이, "만군의 여호와 하나님이여, 주의 백성의 기도에 대하여 어느 때까지 노하시리이까?"(시 80:4)라고 울부짖는 경우도 있다. 마치 그 백성들의 기도 자체가 하나님을 노하시게 만들기라도 하듯이 느끼는 것이다. 이와 비슷하게 예레미야 선지자도, "내가 부르짖어 도움을 구하나 내 기도를 물리치셨도다"(애 3:8)라고 하는데, 이때에 그가 정말로 극심한 혼란 가운데 있었다는 것이 너무나도 분명한 것이다.

이와 유사한 실례들이 성경에 무수하게 나타나고 있는데, 이 사실에서 분명히 드러나는 것은 성도들의 믿음이 의심이나 두려움과 한데 뒤섞여 있어서 분명히 믿고 소망을 갖고 있으면서도 동시에 어느 정도 불신앙의 모습을 드러내 보이는 경우가 많다는 사실이다. 그러나 원하는 목표에 완전히 도달하지 못하기 때문에, 성도들은 오히려 더욱더 자기들의 부족한 점들을 고치고 날마다 기도의 완전한 법칙에 더 가까이 가도록 노력해야 하는 것이다. 또한 동시에 자기들의 결점을 고치기 위해서 자기의 방법을 사용한 사람들이 그 방법 때문에 오히려 새로운 질병에 걸려서 얼마나 깊은 악에 빠져버렸는지를 깊이 생각해야 한다.

어느 기도에나 다 있는 흠과 결점들을 하나님께서 용납하지 않으셨다면, 과연 하나님께 거부당하지 않을 기도가 없기 때문이다. 이런 사실들을 말하는 것은 신자들이 기도할 때에 범하는 온갖 잘못들을 안심하고 스스로 용납할 수 있도록 빌미를 주고자 함이 아니다. 오히려 스스로 철저하게 자기를 돌아보며, 그리하여 최선의 노력을 기울여 이러한 장애요소들을 극복하도록 하기 위함인 것이다. 사탄이 온갖 노력을 기울여 성도로 하여금 기도하지 못하도록 모든 길을 다 막으려 하지만, 그런 사탄의 궤계를 다 깨뜨릴 수 있을 것이다. 모든 장애를 전부 다 극복하지 못한다 할지라도 극복하고자 하는 노력을 하나님께서 기뻐하시며, 또한 당장 목표에 이르지 못한다 할지라도 계속해서 목표를 향하여 전진할 때에 하나님께서 그들의 소원을 받으신다는 것을 확실히 믿기 때문이다.

(그리스도께서 성도들을 위하여 간구하심, 17-20절)

17. 그리스도의 이름으로 기도함

그러나 자기 이름으로 하나님 앞에 나아갈 만큼 값어치 있는 사람이 하나도 없기 때문에, 하늘 아버지께서는 두려움과 수치감으로 인하여 절망에 빠져 있는 우리를 단번에 자유케 하시려고 그의 아들 우리 주 예수 그리스도를 우리의 대언자(요일 2:1)요 중보자(딤전 2:5)로 주셨다. 그러므로 그의 인도하심을 받아 하나님 앞에 안전하게 나아갈 수 있으며, 아버지께서 그 아들의 간구를 들어 주시지 않는 것이 없듯이 그분의 이름으로 구하는 것은 무엇이든 응답을 받을 것임을 믿어 의심치 않는 것이다. 믿음에 대해서 앞에서 말한 모든 내용이 필연적으로 이 문제와 관련된다. 왜냐하면, 그리스도께서 우리의 중보자시라는 약속이 주어져 있으므로, 우리가 구하는 것을 얻을 소망의 근거를 그리스도에게 두지 않는 한 기도의 특권을 누릴 수가 없기 때문이다.

하나님의 그 처절한 위엄을 아무런 두려움이 없이 생각한다는 것은 불가능한 일이다. 그러므로 우리 자신의 무가치함을 생각할 때에 하나님께로부터 멀리 떨어져 있을 수밖에 없다. 그러나 그리스도께서 개입하셔서 그 무시무시한 위엄과 영광의 보좌를 은혜의 보좌로 바꾸어 놓으신 것이다. 그러므로 사도는 우리가 "긍휼하심을 받고 때를 따라 돕는 은혜를 얻기 위하여 은혜의 보좌 앞에 담대히 나아갈 것이니라"(히 4:16)라고 말씀하는 것이다. 기도에 대해서 하나의 법칙이 세워졌다. 곧, 하나님께 기도하면 그가 들으시며, 특별히 그리스도의 이름으로 기도하면 이루어 주시리라는 약속이 주어져 있다는 것이다. 주님은 말씀하시기를, "너희가 내 이름으로 무엇을 구하든지 내가 시행하리니 이는 아버지로 하여금 아들을 인하여 영광을 얻으시게 함이라"고 하셨고, 또한 "지금까지는 너희가 내 이름으로 아무것도 구하지 아니하였으나 구하라 그리하면 받으리니 너희 기쁨이 충만하리라"고 하셨다(요 14:13; 16:24). 그러므로, 그리스도의 이름 이외에 다른 이름으로 하나님께 구하는 자들이 있다면, 그런 사람들은 오만하게도 그리스도의 명령을 거짓으로 만드는 것이요, 그의 뜻을 아무것도 아닌 것으로 취급하는 것이다. 그들의 기도에 대해서는 응답의 약속이 전혀 없는 것이다. 사도 바울이 말씀하는 대로, "하나님의 약속은 얼마든지 그리스도 안에서 예가 되니 그런즉 그로 말미암아 우리가 아멘 하여 하나님께 영광을 돌리게" 되는 것이기 때문이다(고후 1:20).

18. 그리스도의 중보 사역에 의지함

또한 우리는 시대의 형편에 조심스럽게 주의를 기울여야 한다. 그리스도께서는 제자들에게 당부하시기를, 그가 승천하신 이후에 그의 간구하심에 의지하라고 하셨다: "그날에 너희가 내 이름으로 구할 것이요"(요 16:26).

사실 애초부터, 기도하는 사람들은 모두 중보자 그리스도로 말미암아 기도의 응답을 받은 것이 분명하다. 그렇기 때문에, 하나님께서는 율법에 명령하시기를, 제사장이 홀로 성소에 들어가되 양 어깨에 이스라엘 열두 지파의 이름을 붙이고 가슴에는 여러 가지 진귀한 보석을 붙이고 들어가며, 그동안 백성들은 바깥 뜰에서 거리를 두고 서서 거기서 기도하라고 하신 것이다. 희생 제물이 사실 백성들의 기도들을 인준하고 확증하는 효과를 발휘하기까지 했던 것이다.

그러므로 이처럼 그림자와도 같은 율법의 의식은 우리에게 다음과 같은 사실들을 가르쳐 준다. 첫째로, 우리 모두가 하나님의 임재 안에 들어갈 수 없는 존재이며, 따라서 우리를 대신하여 우리의 이름으로 하나님 앞에 나아가며 우리를 자기 어깨에 지고 가시고 그의 가슴에 우리를 품어 안으셔서 우리의 소원이 응답되도록 해 주실 중보자가 필요하다는 사실이다. 그리고 둘째로, 우리의 기도가 그 중보자의 피 뿌림으로 깨끗이 씻겨진다는 사실이다. 이미 말씀했거니와, 다른 방도로는 절대로 우리의 기도가 부정함에서 벗어날 수가 없는 것이다. 그러므로 구약 시대의 성도들은 무언가를 얻기를 바랄 때에 희생 제물에다 소망을 두었다. 희생 제물을 통해서모든 기도가 인준된다고 알고 있었기 때문이다. 다윗은 이렇게 말씀하고있다 : "네 소제를 기억하시며 네 번제를 받으시기를 원하노라"(시 20:3).그러므로 여기서 우리가 이끌어 낼 수 있는 사실은, 그 백성들의 기도를받으시는 문제에 있어서 하나님은 애초부터 그리스도의 중보로 말미암아진노를 거두시고 기도를 응답하셨다는 것이다.

그런데, 그리스도께서는 어째서 제자들이 그의 이름으로 기도하기 시작하게 될 어떤 새로운 시기("그 날에")를 거론하시는가? 그리스도의 그러한은혜가 오늘날에 와서는 더 찬란하게 나타나고 있고, 그만큼 우리가 그 은혜를 높이 기려야 한다는 뜻이 아니겠는가? 이런 의미에서 주님은 바로앞에서 "지금까지는 너희가 내 이름으로 아무것도 구하지 아니하였으나구하라"고 말씀하신 것이다. 이 말씀은 그들이 중보자의 직분에 대해서 전연 무지했다는 뜻이 아니고 — 이런 기초적인 일에 대해서는 유대인들 모두가 다 잘 배워서 알고 있었다 — 그리스도께서 승천하시면 그 이전보다도 교회를 위하여 더 분명하게 대언자의 역할을 하시리라는 사실을 아직잘 깨닫지 못하고 있었다는 뜻이다.

그러므로 주님은 자신이 떠나시는 일 때문에 슬픔에 싸인 제자들을 안돈시키시고, 그들에게 큰 영적 유익을 주시기 위하여 이렇듯 자기 자신이대언자이심을 말씀하시면서, 그리스도의 중보 사역에 힘입어 하나님께 훨씬 더 자유로이 기도할 때에 신자가 누리게 될 특권들이 있으나 지금까지는 그런 특권을 잘 누리지 못했다는 것을 가르쳐 주신 것이다. 이런 의미에서 사도께서도, "우리가 예수의 피를 힘입어 성소에 들어갈 담력을 얻었나니 그 길은 우리를 위하여 … 열어 놓으신 새롭고 산 길"(히 10:19-20)이라고 말씀하고 있다. 그러므로, 오직 우리들에게만 베풀어질 이 측량할수 없는 은혜를, 사람들의 말처럼 우리의 두 팔로 가득 안아서 가슴에 품지 않으면, 우리는 그만큼 더 변명의 여지가 없어지는 것이다.

19. 그리스도께서 유일하신 중보자이심

자, 그리스도께서 우리가 하나님께로 나아가도록 우리에게 주어진 유일한 길이요 통로이시므로(참조. 요 14:6), 이 길에서 벗어나고 이 통로를 저버리는 자들에게는 하나님께로 나아가는 다른 길도, 통로도 남아 있지를 않다. 하나님의 보좌는 그런 사람들에게 진노와 심판과 처절한 두려움밖에는 베풀 것이 없는 것이다. 더욱이, 아버지께서 그리스도를 우리의 목자요(마 2:6) 머리로(고전 11:3; 엡 1:22; 4:15; 5:23; 골 1:18)로 인치셨으므로(참조. 요 6:27), 어떤 식으로든 그에게서 돌아서거나 벗어나는 사람은 결국 하나님께서 치신 인(印)을 파괴하고 훼손하려고 진력하는 것이 되는 것이다. 그러므로 그리스도께서 유일한 중보자이시며(딤전 2:5) 그의 간구하심으로 말미암아 아버지께서 은혜로우시며 우리를 용납하시는 분으로 역사하시는 것이다.

그러나, 성도들은 여전히 각기 다른 이들의 구원을 위하여 간구하여야 하며, 이에 대해서 사도도 언급하고 있다(엡 4:18, 19; 딤전 2:1). 이 간구들은 모두 오로지 그리스도의 간구에 의존하므로, 그것들이 그리스도의 간구를 손상시키는 것이 아니다. 우리가 한 몸의 지체들로서 서로를 위하여 올리는 간구들이 진한 사랑의 감정에서 샘솟아 나는 것이듯이, 이 간구들은 또한 그 몸의 머리이신 그리스도와 연합하여 이루어지는 것이다. 그러므로, 그런 간구들을 그리스도의 이름으로 드린다면, 과연 그리스도의 중보가 없이는 그 어떠한 기도에서도 아무런 도움을 얻을 수가 없다는 것이외에 이 사실에서 더 분명하게 드러나는 것이 무엇이겠는가? 그리스도께서 간구하신다고 해서, 우리가 교회 내에서 기도로써 서로를 위하여 간구하지 못하도록 방해를 받을 것이 아무것도 없는 것이다.

그러므로, 온 교회에서 행하는 우리의 모든 간구들이 그리스도의 그 유일한 간구를 기반으로 한다는 원리를 여기서 확고히 세워야 할 것이다. 또한 그렇기 때문에 우리는 하나님께 감사를 잊지 않도록 유념해야 한다. 하나님께서는 우리의 무가치함을 용납하사 우리 개개인들로 하여금 자기들을 위해서도 기도할 수 있도록 해 주시며, 또한 서로를 위하여 간구도 할 수 있도록 해 주시기 때문이다. 하나님께서 그의 교회에 간구하는 자들을 주셨는데, 만일 그들이 오로지 자기들만을 위하여 기도한다면 그들을 배척해야 마땅할 것이다. 서로를 위해 간구할 수 있도록 해 주신 이 자비하심을 악용하여 그리스도의 존귀하심을 가리우는데 사용하다니, 이 얼마나 뻔뻔스러운 일이겠는가?

20. 그리스도께서 영원한 중보자이심

또한 궤변가들의 다음과 같은 이야기도 터무니 없는 소리에 지나지 않는다. 곧, 그리스도께서는 구속의 중보자(the Mediator of redemption)이시나 신자들은 간구의 중보자들(mediators of intercession)이라는 이야기 말이다. 마치 그리스도께서는 일시적으로 중보 사역을 이루셨을 뿐이고 영원한 불변의 중보 사역은 그의 종들에게 남겨두기라도 하신 것처럼 말이다! 그들은 그리스도에게서 극히 작은 영광의 일부분만 떼어내는 것처럼 떠벌리면서 그리스도를 아주 부드럽게 대하고 있다고 떠들고 있다. 그러나 성경은 전연 다르다. 성경은 경건한 사람이면 누구나 납득할 수 있을 만큼 간단명료한 언어로 분명하게 말씀하여 그런 사기꾼들의 협잡에 대해 조금의 여지도 남겨두지 않는 것이다.

요한은 "만일 누가 죄를 범하여도 아버지 앞에서 우리에게 대언자가 있으니 곧 의로우신 예수 그리스도시라"(요일 2:1)라고 말씀하셨는데, 과연 이 말씀이 그리스도께서 단 한 번 우리를 위하여 대언자가 되셨다는 뜻인가, 아니면 그가 영원토록 끊임없이 우리를 위하여 간구하신다는 뜻인가? 또한 바울은 대체 무엇 때문에 그리스도께서 "하나님 우편에 계신 자요 우리를 위하여 간구하시는 자시니라"(롬 8:34)라고 선언하고 있단 말인가? 바울은 "하나님과 사람 사이에 중보자도 한 분이시니 곧 사람이신 그리스도 예수"(딤전 2:5)라고 말씀하는데, 이것은 바로 조금 앞에서 그가 언급한 기도들(딤전 2:1-2)을 염두에 둔 말씀이 아니고 무엇이겠는가? 바울은 모든 사람을 위하여 간구할 것을 말씀하고 나서 이 말씀의 확실성을 입증하기 위하여 곧바로 "하나님은 한 분이시요 ··· 중보자도 한 분이시니 곧 ··· 그리스도 예수라"(딤전 2:5)는 말씀을 덧붙이고 있는 것이다.

아우구스티누스도 이와 비슷하게 가르치고 있다:"그리스도인들은 기도로써 서로를 서로에게 맡긴다. 그러나 한 분 참된 중보자가 계시니 그를 위해서는 아무도 간구하지 않으며, 그가 모두를 위하여 간구하신다. 사도 바울은 스스로 교회의 머리의 지배를 받는 탁월한 지체였으나 자신이 그리스도의 몸의 지체이기 때문에, 또한 교회의 지극히 참되신 대제사장께서 상징에 불과한 휘장 속에 있는 지성소 안으로 들어가신 것이 아니라 분명하고도 견고한 진리를 통해서 하늘의 성소로 들어가사 참되고 영원한 거룩함을 입으셨기 때문에, 바울은 자기를 신자들의 기도에 맡기는 것이다 (롬 15:30; 엡 6:19; 골 4:3). 그리고 바울은 자기 자신을 사람과 하나님 사이의 중보자로 만들지 않고, 다만 그리스도의 몸에 속한 모든 지체들에게 서로를 위하여 간구할 것을 명하고 있다: '오직 여러 지체가 서로 같이 돌보게 하셨느니라 만일 한 지체가 고통을 받으면 모든 지체가 함께 고통을 받고 한 지체가 영광을 얻으면 모든 지체가 함께 즐거워하느니라' (고전 12:25-26). 그리하여 모든 지체들이 서로를 위하여 드리는 간구들이 이 땅으로부터 올라가 이미 먼저 하늘에 올리우신 그 머리이신 그리스도께 상달하게 되니 '그는 우리 죄를 위한 화목 제물' (요일 2:2)이시다. 만일 바울이 중보자였다면 나머지 다른 사도들 역시 마찬가지였을 것이다. 그리고 그렇게 많은 중보자들이 있었다면 '하나님은 한 분이시요 또 하나님과 사람 사이에 중보자도 한 분이시니 곧 사람이신 그리스도 예수라' (딤전 2:5)거나, '그리스도 안에서 한 몸이 되어 서로 지체가 되었느니라' (롬 12:5)거나, '평안의 매는 줄로 성령이 하나 되게 하신 것을 힘써 지키라' (엡 4:3)라는 바울 자신의 진술들은 성립할 수 없었을 것이다." 또한 아우구스티누스는 다른 구절에서 이렇게 말씀하고 있다:"제사장을 찾는다면, 그는 하늘 위에 계시며 거기서 여러분을 위해서 간구하고 계시니, 그는 이 땅에서 여러분을 위하여 죽으신 분이십니다"(참조, 히 7:26 이하).

그러나 그렇다고 해서 그리스도께서 우리들처럼 하나님 앞에 무릎을 꿇으시고 애원하신다는 식의 상상을 하는 것은 아니다. 오히려 사도의 말씀처럼 그리스도께서는 하나님의 임재 앞에 계셔서 그의 죽으심의 능력이 우리를 대신하는 영원한 간구의 효과를 가져오도록 하시며(참조. 롬 8:34) 또한 하늘의 성소에 들어가셨으므로 그가 멀리 바깥 뜰에 있는 성도들의 간구들을 홀로 세상 끝날까지 하나님께 드리신다는 뜻으로(참조. 히 9:24 이하) 이해하는 것이다.

(성자들의 간구에 대한 그릇된 가르침에 대한 반론, 21-27절)

21. 성자들의 간구에 대한 가르침은 그리스도를 더럽힘

육체로 죽어서 그리스도 안에서 살고 있는 성자(聖者)들에 대해서는, 혹시 그들이 기도를 한다손 치더라도 홀로 길이신 그리스도(요 14:6) 이외에 그들이 하나님께 간구할 다른 길이 있다거나 혹 하나님께서 다른 이름으로 그들의 기도를 받으시리라는 생각은 꿈도 꾸지 말아야 할 것이다. 성경은 다른 모든 것을 물리치고 오직 그리스도께로만 향할 것을 촉구하며, 또한 하늘에 계신 아버지께서는 만물을 그리스도 안에서 함께 모으시기를 기뻐하시는 것이다(골 1:20; 엡 1:10). 그러므로 하나님께로 나아가는 유일한 길이신 그리스도를 벗어나서 성자들을 통해서 하나님께 나아갈 길을 찾으려 한다는 것은 미친 짓인 것은 물론이요, 그야말로 우매함의 극치인 것이다.

그러나, 과거 여러 시대에 걸쳐서 이런 일이 자행되어왔고, 오늘날 교황주의가 번창하는 곳이면 어디든지 이런 일이 행해지고 있다는 사실을 부인할 사람이 어디 있겠는가? 하나님의 자비하심을 얻기 위해서 사람들은 그리스도를 대부분 무시해버리고 거듭거듭 성자들의 공로를 내세우며 그들의 이름을 불러 하나님께 간구하고 있는 것이다. 이것이야말로 앞에서 말씀한 유일한 그리스도의 간구의 사역을 성자들에게로 돌리는 것이 아니고 무엇이겠는가?

성경에는 그런 일에 대한 언급이 전혀 없으니, 그렇다면 그들이 만들어 낸 성자들의 간구들에 대해 사람에게 계시한 것이 누구였단 말인가? 천사 였는가, 아니면 마귀였는가? 그들은 무슨 이유로 그것을 만들어내야만 했 는가? 인간의 지혜는 언제나 하나님의 말씀에서 지지를 받지 않는 것들에 게서 도움을 구하는 법이고, 그 믿음 없는 소치를 분명히 드러내게 되어 있는 것이다. 그러나 성자들의 간구를 믿고 그것을 기뻐하는 모든 사람들 의 양심에 호소하면, 그런 현상이 오로지 그 사람들이 근심에 눌려 있다는 — 마치 그리스도만으로 불충분하거나 아니면 그리스도께서 너무 가혹하 시기라도 한 것처럼 — 사실에서 비롯된다는 것을 알게 된다.

우선, 그들은 이런 근심과 갈등으로 인하여 그리스도를 깎아 내리고 그 에게서 유일하신 중보자의 직분을 제거해버린다. 그 직분이야말로 그리스 도의 유일한 특권으로 아버지께서 그에게 주신 것이요 다른 어느 누구에 게도 이전되어서는 안 될 것인데도 말이다. 그리고 그렇게 함으로써 그들 은 그리스도의 탄생의 영광을 흐리게 만들고, 이어서 십자가를 헛된 것으 로 만들며, 결국 그리스도께서 행하시고 당하신 모든 일에 대하여 마땅히 드려야 할 찬송과 영광을 완전히 제거해버리는 것이다. 그가 행하신 모든 일들이 그가 홀로 중보자시요 따라서 중보자로 여김을 받아 마땅하다는 결론에 이르게 하는 것인데도 말이다.

동시에 그들은 그들에게 아버지로서 자신을 계시하시는 그 하나님의 자 비하심을 내동댕이쳐버리는 것이다. 왜냐하면 그리스도를 형제로 인정하 지 않는다면 그들에게는 하나님께서 아버지가 아니시기 때문이다. 그리스 도께서 그렇게 부드럽고 온유할 수가 없는 그런 형제의 사랑을 그들에게 베푸셨다는 것을 생각하지 않는다면, 그것은 결국 그리스도가 형제이심을 노골적으로 부인하는 것이 되는 것이다. 그러므로 성경은 우리에게 오직 그리스도만을 제시하며, 우리를 그에게로 보내며, 우리를 그 안에서 세우 는 것이다.

암브로시우스는 이렇게 말한다:"그는 아버지께 말을 하는 우리의 입이 요, 그는 아버지를 바라보는 우리의 눈이요, 그는 아버지께 우리 자신을 드리는 우리의 오른손이시다. 그가 우리를 위해 간구하지 않으시면 우리나 모든 성자들이나 마찬가지로 하나님과의 교제도 없는 것이다." 그들이 교회에서 공기도를 드리면서 마지막에 "우리 주 그리스도로 말미암아 드리나이다"라는 문구를 붙인다고 하며 이의를 제기한다 해도, 그것은 쓸데없는 핑계에 불과한 것이다. 그리스도의 이름을 아예 빼고 오직 죽은 사람들만 언급하는 것이나, 죽은 자들의 기도와 그들의 공로를 그리스도의 간구 사역과 뒤섞어 놓는 것이나, 그리스도의 간구 사역을 더럽히는 것은 마찬가지인 것이다. 그런데 그들은 온갖 연도(連禱:litany)나 송가나 문구들에서 죽은 성자들에게 찬송과 영광을 돌리면서도 그리스도에 대해서는 전혀 언급을 하지 않는 것이다.

22. 성자 숭배

그러나 그들의 어리석음이 얼마나 심한지 여기서 미신의 성향이 분명히 드러나는 것을 보게 된다. 미신의 성향은 일단 고삐가 풀리면 절대로 그 방자함이 끊이지를 않는 법이다. 사람들이 성자들의 간구에 대해 생각하기 시작하자, 그들은 점점 각 성자마다 독특한 기능을 부여하게 되었고, 그리하여 여러 가지 다양한 사안들이 있을 때 어떤 경우는 이 성자를 간구자로 불러올리고, 또 어떤 경우는 다른 성자를 간구자로 불러올리게 되었다. 그렇게 되자, 각 사람마다 특정한 성자를 자기의 수호신처럼 취하게 되었고, 그 성자가 자기를 지켜준다는 식의 믿음을 갖게 되었다. 그리하여 도시의 수효만큼 신들을 세운 것은 물론 — 오래 전에 선지자가 이런 행위에 대해서 이스라엘을 책망했었다(렘 2:28: 11:13) — 인구의 숫자만큼 수호신들을 세운 것이다.

그러나 성자들은 그들의 온 소망을 오직 하나님의 뜻에만 두고 그것만을 생각했고 그 안에 거한 사람들이므로, 하나님 나라의 강림을 위하여 그들이 행한 기도 이외에 다른 기도를 그들에게 돌린다면, 그것은 그들을 어리석게 세속적으로 생각하는 것이요 그들을 모욕하는 것이다. 사람들은 각 성자마다 자기를 예배하는 자들에게 사사로운 애정을 갖고서 극진히 사랑한다는 식의 사상을 만들어 내었는데, 이는 성자들의 참 모습과 판이하게 다른 것이다.

그리고 마지막으로, 성자들을 그저 돕는 자로만이 아니라 자기들의 구원을 결정지어주는 자들로 여겨서 그들의 이름을 부르는 그 끔찍한 신성모독을 그치지 않는 사람들이 너무나도 많다. 하나님의 말씀이라는 합당한 위치에서 벗어날 때에, 가련한 사람들은 결국 이런 데로 빠지고 마는 것이다.

사람들이 여전히 아무런 부끄러움이나 역겨움도 느끼지 못한 채 하나님께도, 천사들과 사람들에게도 가증스러운 일들을 계속해서 자행하고 있는 형편에 대해서는 그냥 넘어가기로 한다. 사람들은 바바라(Barbara), 카타리나(Catherine) 등 성자들의 조각이나 그림 앞에 엎드려서 "우리 아버지여"라고 하며 중얼거린다. 그런데도 목회자들은 이런 미친 행위를 교정하거나 금하기는커녕, 자기들에게 올 이익의 냄새에 이끌려서 그런 행위들을 인용하고 박수를 치고 있는 것이다. 이렇게 악한 범죄에 대해서 스스로 발을 빼고 자신을 책하지 않는 상태에 있으니, 엘리기우스(Eligius: 7세기, 노용의 주교)나 메다르(Medard: 6세기, 노용의 주교)의 이름을 부르면서 하늘에서 그의 종들을 내려다 보고 도와주기를 간구하는 행위나, 아니면 그 아들이신 성자(聖子)께 부탁하여 자기들이 원하는 바를 이루어주도록 성모(聖母)에게 간구하는 행위에 대해서는 또 무슨 구실을 들어서 변명하겠는가?

고대의 카르타고 공의회(the Council of Carthage)에서는 제단에서 성자들에게 기도하는 행위를 금한 바 있는데, 아마도 당시의 거룩한 사람들로서는 그 악한 습관의 세력에 대해서 전적으로 침묵할 수는 없어서 최소한 그런 행위를 다소 억제하기 위하여 "성 베드로여, 우리를 위해 기도하소서"라는 형식으로 공기도를 훼손시키지 못하도록 조치를 취한 것일 것이다. 그러니, 하나님과 그리스도에게만 속한 고유한 특권을 죽은 자들에게 옮기기를 전혀 주저하지 않는다면, 이 극악한 모독의 행위가 얼마나 극심하게 자행되고 있는 것이겠는가?

23. 천사들과 성자들의 역할을 혼동함

자, 이런 식의 간구가 성경의 권위에 근거하고 있다고 주장하는 자들이 있으나, 그런 주장은 전혀 헛된 것이다.

그들은 말하기를 천사들이 기도한 예들이 성경에 나타난다고 한다. 뿐만 아니라 신자들의 기도가 천사들의 손에 들리워서 하나님의 임재 앞에 올려진다고도 말을 한다. 그러나 현세에서 떠난 성자들을 천사들과 비교하고 싶으면, 천사들이란 우리의 구원을 돌보는 임무를 맡은 '섬기는 영'들(히 1:14)로서 우리의 모든 길을 보호하는 임무를 맡았고(시 91:11), 우리를 "둘러 진친" 자들이요(시 34:7), 우리를 경계하고 격려하며 우리를 지켜보는 자들이라는 사실을 먼저 분명히 해두어야 할 것이다. 이런 모든 임무들은 천사들에게 맡겨진 것이지, 성자들에게 맡겨진 것이 아니다. 그들이 죽은 성자들과 천사들을 얼마나 터무니 없이 혼동하고 있는지는 성경이 이들을 온갖 다양한 기능들을 통해서 서로 구별하고 있다는 사실에서 분명히 드러난다. 이 땅의 재판정에서도 재판정에 나와서 발언할 수 있는 자격을 부여받기 전에는 아무도 감히 변호인의 직무를 감당할 수가 없다. 그렇다면 감히 성경에서 그런 직분에 대해서 아무것도 증거하는 바가 없는데도 중보기도자들을 하나님께 억지로 요구하는 그런 큰 특권을 도대체 벌레 같은 인간이 어디서 받았단 말인가?

하나님께서는 우리의 구원을 돌아보도록 천사들을 지정하기를 기뻐하셨다. 그리하여 그들은 우리의 거룩한 모임에 참석하는 것이고, 또한 교회는 천사들에게 하나님의 다양한 온갖 지혜를 바라보고 경탄해 마지 않는 하나의 장(場)이 되는 것이다(엡 3:10). 이렇듯 천사들의 고유한 임무와 특권을 다른 사람들에게 전이시키는 자들은 하나님께서 지정하신, 절대로 어겨서는 안 될 질서를 어지럽히고 왜곡시키는 것이다.

그들은 계속해서 다른 증거들도 아주 교묘하게 이용하고 있다. 하나님께

서는 예레미야 선지자에게 이렇게 말씀하셨다:"모세와 사무엘이 내 앞에
섰다 할지라도 내 마음은 이 백성을 향할 수 없나니 그들을 내 앞에서 쫓
아 내보내라"(렘 15:1). 그들은 이 구절을 근거로 이렇게 반문한다:그 죽
은 인물들이 산 사람들을 위하여 간구한다는 사실을 모르셨다면 어떻게
하나님께서 그 죽은 자들에게 그렇게 말씀하실 수 있으셨겠는가? 그러나
나는 오히려 정반대로, 본문에 나타나듯이 모세나 사무엘이 이스라엘을 위
하여 간구하지 않았으므로 결국 죽은 자들이 간구하는 일도 없었다고 분
명히 말을 할 수 있다. 이 세상에 살 때에 다른 모든 사람들보다 간구하는
임무에 있어서 도저히 비교할 수 없을 만큼 탁월했던 모세가 죽은 후에
그런 간구를 그쳤다면, 과연 성자들 가운데 그 누구를 사람들의 구원을 위
하여 일하고 있다고 믿을 수 있겠는가? 그러므로, 그들이 이런 식의 하찮
은 논리를 고집한다면 — 즉, 여호와께서 "그들이 간구할지라도"(참조. 렘
15:1)라고 말씀하시니 죽은 자들이 산 자들을 위하여 간구한다고 고집한
다면 — 나는 다음과 같이 훨씬 더 설득력 있는 증거를 제시할 것이다. 이
스라엘 백성들이 극히 간구를 필요로 하는 처지에서도 죽은 모세는 간구
하지 않은 것이다. "그가 간구할지라도"라고 말씀하고 있으니 말이다. 그러
므로 온유함이나 선함이나 아버지로서의 관심에 있어서 모세보다 훨씬 못
한 다른 사람들이야 두말할 것도 없이 간구하지 않는 것이다. 사실 이 사
람들은 그들의 조롱을 통해서 오히려 자기들이 멋지게 장착하고 있는 바
로 그 무기에 스스로 상처를 입는 격이 되어 버린 것이다.

그렇게도 분명한 간단한 성경의 진술을 그렇게 왜곡시킨다는 것이 얼마
나 어리석은 일인가! 이 진술은 다만 여호와께서 혹 모세나 사무엘과 같
은 인물이 — 이들의 간구를 여호와께서 그렇게 잘 들어 응답하셨건만 —
그들을 대신하여 호소한다 할지라도 그 백성의 과실에 대해서 그냥 두지
않으시겠노라고 선언하시는 것일 뿐이다.

에스겔서에 나타나는 이와 유사한 구절에서도 동일한 의미를 찾을 수가
있다:"비록 노아, 다니엘, 욥, 이 세 사람이 거기에 있을지라도 그들은 자기
의 공의로 자기의 생명만 건지리라"(겔 14:14). 이 말씀의 의미는 곧, "그

들 중 두 사람이 다시 살아난다 할지라도"라는 뜻일 것이다. 왜냐하면 세
번째 다니엘의 경우는 분명한 증거를 제시할 수 있지만 이 당시에 살아
있는 것은 물론, 청년기의 나이로서 이미 타의 추종을 불허하는 경건의 증
거를 드러내 보이고 있었기 때문이다. 그러므로 성경이 그 인생의 과정을
다 마친 것을 분명히 보여주는 그런 사람들에 대해서는 이만 지나가기로
하자. 바울도 다윗에 대해 말씀하면서, 다윗이 기도로써 후손들에게 도움
을 주었다고 하지 않고, 그 당시의 세대들에게 하나님의 뜻을 따라 섬겼다
고 하고 있는 것이다(행 13:36).

24. 사망한 성자들은 이 세상과 접촉이 없음

그들은 또다시 다음과 같이 반론을 제기한다:"그렇다면 평생을 오직 경
건과 긍휼로만 숨쉬던 그 사람들에게서 경건을 향한 모든 열심을 완전히
제거해 버릴 셈인가?" 나로서는 성자들이 하는 일이나 생각하는 일에 대
해서 지나치게 호기심을 갖고 살펴볼 마음은 없다. 그러나 그들은 이런저
런 충동이나 욕심에 휘몰리는 것이 아니라 오히려 한 가지 확고한 불변의
의지로 하나님 나라를 사모할 것이다. 그리고 그 나라는 신자의 구원에 있
는 것은 물론 그에 못지 않게 악인의 멸망에도 있는 것이다. 그러나 이것
이 사실이라면, 그들의 사랑은 의심의 여지도 없이 그리스도의 몸의 교제
속에 있으며, 또한 그 교제의 본질이 허용하는 범위를 넘어서지 않는 것이
다. 자, 혹 그들이 이런 식으로 우리를 위하여 기도한다는 것을 인정한다손
치더라도, 그들은 자기들의 안식을 저버리고 이 땅의 온갖 문젯거리들에
이끌리지는 않는다. 그러니 우리는 더더욱 그들에게 호소해서는 안 되는
것이다!

그리고 물론 이 땅에 살아 있는 사람들이 서로서로를 위하여 기도를
할 수 있지만(참조. 딤전 2:1-2; 약 5:15-16) 그렇다고 해서 죽은 성자들
도 그렇게 할 수 있는 것은 아니다. 이렇게 서로를 위하여 기도하는 동안
에 서로의 필요를 나누고 상대방의 짐을 나누어짐으로써 신자들 사이에

사랑이 촉진되는 것이다. 그리고 신자들이 이를 시행하는 것은 주님의 명령 때문이요 또한 그의 약속 때문인 것이다. 이 두 가지가 기도에 있어서 항상 중요한 위치를 차지하는 것이다. 그러나 죽은 사람들의 경우에는 이런 이유들이 전혀 없다. 여호와께서는 그들을 우리에게서 취하여 가실 때 우리에게 그들과의 어떠한 접촉점도 남겨두지 않으셨고(전 9:5-6), 우리가 추측할 수 있는 한 그들에게도 우리와의 그 어떠한 접촉점도 남겨두지 않으신 것이다.

그러나 만일 누구라도, 그들이 생전에 우리와 한 믿음으로 연합되어 있었으니 그들이 그와 똑같은 사랑을 계속 유지하지 않을 리가 없다는 식으로 주장하는 자가 있다면, 그들이 우리의 음성을 들을 수 있을 만한 귀가 있으며, 우리의 필요를 살펴볼 수 있는 눈이 있다는 것을 대체 누가 알려주었다는 말인가? 우리의 반대자들은 스스로 가리워진 상태에서 떠들기를, 하나님의 얼굴의 광채에 속한 어떤 것이 성자들에게 비치는데 그것이 일종의 거울 역할을 하여 그것을 통해서 사람들에게 일어나는 일들을 위에서 바라볼 수 있다고 한다. 그러나 이런 식의 허황된 이야기가 결국 우리 머리의 몽롱한 환상을 통해서 하나님의 비밀한 판단들을 꿰뚫으려 하며, 하나님의 말씀을 버리고 성경을 짓밟으려 하는 처사가 아니면 대체 무엇이란 말인가?

성경은 우리의 육신으로 하는 생각은 하나님의 지혜와 원수가 되는 것임을 자주 선언하고 있으며(롬 8:6-7), 또한 우리 마음의 허망함을 완전히 정죄하며(엡 4:17), 우리의 합리적인 이성(理性)을 완전히 낮추고 오직 하나님의 뜻만을 바라보라고 명령하고 있는 것이다(참조. 신 12:32).

25. 족장들의 이름을 부르는 행위도 합당치 못함

그들은 자기들의 거짓된 주장을 변호하기 위해서 성경의 다른 본문들을 취하여 지극히 악한 생각으로 그 증거들을 왜곡시킨다. 그들은, 그렇지만 야곱은 그의 후손들이 자기의 이름과 그의 조상인 아브라함과 이삭의 이름들을 불러서 빌게 해달라고 요구하지 않았느냐고 반문하고 있다(참조. 창 48:16). 우리로서는 우선 이스라엘 백성들에게 있어서 과연 이 부른다 는 것의 본질이 무엇이었는지를 살펴보아야 할 것이다. 그들이 조상들의 이름을 부른 것은 조상들이 자기들을 도와줄 것을 기대해서가 아니라, 다 만 하나님께서 그의 종 아브라함과 이삭과 야곱을 기억해 주시기를 바라 는 뜻에서 그렇게 한 것이다. 그러므로, 이러한 예는 성자들의 이름을 부르 는 것을 전혀 뒷받침해 주는 것이 못된다. 그러나 이 명칭이들이 너무나 어리석어서 야곱의 이름을 부른다는 것이 무엇인지, 그리고 어째서 이스라 엘 백성들이 그 이름을 불렀는지를 전혀 깨닫지 못하기 때문에, 그런 표현 에 대해서조차도 움찔거린다 해도 우리로서는 의아하게 여길 필요가 없는 것이다. 이런 표현은 성경에 한 번 이상 나타나고 있다. 선지자 이사야는 여인들이 남자들의 이름으로 불릴 것을 말씀하는데(사 4:1), 이는 그 여인 들이 그 남자들을 남편으로 취하여 그들의 보호와 보살핌 아래서 살 것을 의미하는 것이다. 그러므로, 이스라엘 백성들이 아브라함의 이름을 부르는 것은 그를 자기들의 기원으로 여기고, 조상으로 엄숙히 기억하여 그를 높 이기 위하여 그렇게 하는 것이다.

야곱이 자기 이름에 대해서 이야기하는 것은 자기 자신의 명성을 널리 퍼지게 할 마음이 있어서가 아니라, 그 후손들의 온전한 축복이 하나님께 서 그와 맺으신 언약을 유지하는 데 있다는 것을 그가 알고 있기 때문이 었다. 그는 그렇게 하면 그들이 최고의 축복을 누릴 것임을 알고 있었기 때문에, 그들이 자기의 후손의 반열에 들기를 바라는 것이다. 그러한 축복 은 오직 그 언약을 물려받음으로써만 얻어지는 것이기 때문이었다. 그들은 또한 이런 사실들을 기억하여 기도로써 아룀으로써, 죽은 자들의 간구에 의지하는 것이 아니라 족장들과 맺은 여호와의 언약을 생각하는 것이다. 긍휼이 풍성하신 아버지께서 아브라함과 이삭과 야곱을 위하여 그 후손들 에게 사랑과 자비를 베푸실 것을 그 언약을 통해서 약속해 놓으신 것이다.

다른 면에서 성도들이 얼마나 조상들의 공로에 의지하지 않는가 하는 것은 선지서에서 교회가 이구동성으로 증거하고 있다:"주는 우리 아버지

시라 아브라함은 우리를 모르고 이스라엘은 우리를 인정하지 아니할지라
도 여호와여, 주는 우리의 아버지시라 옛날부터 주의 이름을 우리의 구속
자라 하셨도다"(사 63:16). 이렇게 말씀하면서 그들은 이렇게 다시 덧붙
이고 있다:"원하건대 주의 종들 곧 주의 기업인 지파들을 위하사 돌아오
시옵소서"(사 63:17). 여기서 그들은 죽은 족장들의 간구를 생각하지 않
고, 다만 언약의 은택에 주의를 집중시키고 있는 것이다. 그러나 지금 우리
에게는 주 예수께서 계셔서 그가 그의 손으로 영원한 긍휼의 언약을 우리
와 맺으실 뿐 아니라 그 언약을 확증하셨으니, 우리의 기도에서 그분의 이
름 이외에 다른 무슨 이름을 거론한단 말인가?

이 훌륭하다는 선생들은 이 말씀들이 족장들이 중보기도자들임을 확증
해준다고 주장하고 있으니, 그들에게서 알고 싶은 것이 있다. 그렇게 많은
성자들을 중보기도자들로 기리면서 어째서 교회의 조상인 아브라함은 그
중에서 가장 낮은 자리에도 끼지를 않는단 말인가? 그들이 얼마나 형편
없는 자들의 무리에서 중보기도자들을 선택하는가 하는 것은 이미 잘 알
려져 있는 사실이다. 그러면서도 하나님께서 다른 어느 누구보다도 앞세우
시고 최고의 존귀로 높이신 아브라함을 무시하고 거부하다니, 대체 그것이
합당한지 대답을 좀 해보라! 사실은 그런 일이 고대 교회에서는 전연 없
었기 때문에, 그들은 그런 일이 새로이 만들어낸 것이라는 사실을 숨기기
위해서 고대의 족장들에 대해서는 침묵을 지키려 한 것이다. 마치 성자들
이 아주 다양하게 세워지면 그런 최근에 생긴 부패한 관행이 무마될 것처
럼 생각한 것이다.

또 어떤 이들은 그 백성에게 긍휼을 베풀어 달라고 하나님께 구할 때
에 "다윗을 위하여" 해달라고 기도한다고(참조. 시 132:1, 10) 하며 반론
을 제기하는데, 이런 논리는 그들의 오류를 뒷받침하는 것이 아니라 오히
려 그것을 강력하게 반박하는 역할을 한다. 우리는 바울의 기능을 생각해
야 한다. 그는 성도들의 총회에서 세움을 받아 하나님께서 그의 손으로 만
드신 언약을 세우는 일을 담당하고 있는 것이다. 그러므로 다윗을 거명하
는 것은 다윗이라는 개인이 아니라 언약을 염두에 두고 있는 것이며, 또한

다윗이라는 예표(a figure)를 통해서 그리스도의 유일하신 중보사역을 선언하고 있는 것이다. 다윗이 그리스도의 예표로서 독특하게 지닌 기능은 분명 다른 사람들에게는 적용되지 않는 것이다.

26. 성자들도 우리와 똑같이 기도하였음

그런데 어떤 이들은 성자들의 기도가 응답을 받았다는 기록을 자주 접한다는 사실에서 상당히 영향을 받아 그 쪽으로 기울어지기도 한다. 어째서 그들의 기도가 응답받았을까? 그것은 물론 그들이 기도했기 때문이다. 선지자는 이렇게 말씀하고 있다:"우리 조상들이 주께 의뢰하고 의뢰하였으므로 그들을 건지셨나이다 그들이 주께 부르짖어 구원을 얻고 … 수치를 당하지 아니하였나이다"(시 22:4-5). 그러므로 우리도 그들의 모범을 따라서 그들처럼 기도하여 응답을 얻도록 하자. 그러나 우리의 반대자들은 한 번 응답을 얻은 자들만이 응답을 얻을 것이라는 식으로 어울리지 않게 아주 어리석은 논리를 제시한다.

그러나 그에 비하면 야고보의 말씀이 훨씬 더 훌륭하지 않은가! 그는 말씀하기를, "엘리야는 우리와 성정이 같은 사람이로되 그가 비가 오지 않기를 간절히 기도한즉 삼 년 육 개월 동안 땅에 비가 오지 아니하고 다시 기도하니 하늘이 비를 주고 땅이 열매를 맺었느니라"(약 5:17-18)라고 한다. 야고보가 여기서 엘리야의 고유한 특권을 말씀하고 있는가? 그래서 우리가 그의 특권을 의지해야 한다고 말씀하는가? 절대로 그렇지 않다! 야고보는 다만 경건하고 순결한 기도의 영구한 능력을 가르치며 우리에게 그와 같이 기도하라고 권면하고 있는 것이다. 우리가 그런 증거들을 통해서 하나님의 약속을 더욱더 신뢰하게 되지 않는다면, 우리는 기도를 응답하고자 하시는 하나님의 너그러우시며 선하신 뜻을 악의(惡意)로 곡해하는 것과 다를 바 없는 것이다. 하나님께서는 한두 사람이나 혹은 몇몇 사람들의 간구가 아니라 그의 이름을 부르는 모든 사람들의 간구에 귀를 기울이시겠다고 약속하고 계시기 때문이다.

이러한 무지에 대해서 도무지 핑계거리가 없다. 그들은 그렇게도 많은 성경의 경고들을 마치 고의적으로 무시하는 것 같기 때문이다. 다윗은 계속해서 하나님의 권능으로 말미암아 구원을 받았다. 그러니, 다윗이 이런 구원의 능력을 전수받았기 때문에 우리가 그에게 구하여 구원을 받는다는 논리가 어떻게 성립이 되겠는가? 다윗 자신은 전혀 달리 확언하고 있다: "주께서 나를 갚아 주시리니 의인들이 나를 두르리이다"(시 142:7). 또한 이렇게도 말씀한다:"의인이 보고 두려워하며 … 의인은 여호와로 말미암아 즐거워하며 그에게 피하리니"(시 52:6; 64:10), "이 곤고한 자가 부르짖으매 여호와께서 들으시고 그의 모든 환난에서 구원하셨도다"(시 34:6). 시편에는 이런 유의 기도들이 많이 나타나 있다. 다윗은 자기가 구하는 바를 들어달라고 하나님께 이렇게 간구하며, 그리하여 의인은 그의 예를 통해서 자기의 기도가 부끄러움을 당하지 않으리라는 선한 소망을 갖게 되는 것이다. 이제 한 가지 실례만 더 들기로 하자:"이로 말미암아 모든 경건한 자는 주를 만날 기회를 얻어서 주께 기도할지라"(시 32:6). 이 본문은 특히 더 기꺼운 마음으로 인용하였다. 왜냐하면 이 시끄러운 말꾼들이 부끄러운 줄도 모르고 돈에 정신이 팔려 교황주의를 변호하기 위하여 혀를 놀리면서, 이 본문이 죽은 성자들의 중보기도를 입증해주는 것처럼 이야기하고 있기 때문이다. 다윗은 하나님께서 그의 기도를 응답하실 때에 그의 자비하심과 너그러우심에서 나오는 열매를 보여 주는 것뿐인데, 마치 다윗의 의도가 전연 다른 데 있는 것처럼 떠드는 것이다!

여기서 우리는 전체적으로 이 점을 유의해야 한다. 곧, 하나님의 은혜를 — 우리에게 주어지는 은혜나 다른 이들에게 주어지는 은혜나 — 체험하게 되면 하나님의 약속들을 믿는 믿음을 확증하는 데에 적지 않은 도움을 받는다는 사실이다. 다윗이 하나님께서 베푸신 은혜로 말미암아 확신을 갖게 되었음을 말씀하는 구절들은 시편을 보면 금방 찾을 수가 있으므로, 여기서 구태여 열거하지 않겠다. 야곱도 친히 모범을 통하여 이미 이 사실을 가르친 바 있다:"나는 주께서 주의 종에게 베푸신 모든 은총과 모든 진실하심을 조금도 감당할 수 없사오나 내가 내 지팡이만 가지고 이 요단을 건넜더니 지금은 두 떼나 이루었나이다"(창 32:10).

그는 하나님의 약속을 주장하지만 약속만을 주장하지 않는다. 오히려 그
는 그 약속의 성취로 말미암은 효과를 덧붙이고 있다. 즉, 하나님께서 미래
에도 자기에게 똑같이 대하시리라는 신뢰를 더 크게 갖게 되었음을 말씀
하고 있는 것이다. 하나님은 죽을 인생들처럼 자비를 베풀다가 지쳐버리거
나, 재원이 고갈되어 자비를 베풀고 싶어도 더 베풀 수 없는 지경에 처하
는 그런 분이 아니시고, 그 자신의 본성이 영원토록 높임을 받으실 분이시
기 때문이다. 다윗은 하나님을 향하여 이렇게 지혜롭게 말씀하고 있다: "진
리의 하나님 여호와여, 나를 속량하셨나이다"(시 31:5). 하나님께서 베푸
신 구원을 찬송한 후에 그는 하나님이 신실하시다는 것을 덧붙이는 것이
다. 만일 하나님께서 영원토록 변함 없이 하나님 자신의 모습을 유지하시
지 않는다면, 그가 아무리 은혜를 베푸셔도 그것으로 인해서 하나님을 신
뢰하거나 그에게 간구할 확고한 믿음을 갖게 될 수가 없을 것이기 때문이
다. 그러나 하나님께서 우리를 도우실 때마다 항상 우리에게 그의 선하심
과 신실하심의 실례와 증거를 주신다는 것을 알게 되면, 우리는 혹시 하나
님께 소망을 두다가 부끄러움을 당하거나 속임을 당하지 않을까 하는 두
려운 마음을 가질 필요가 없게 되는 것이다.

27. 성자들의 중보기도에 대한 그릇된 가르침에 대한 마지막 반론

이제는 모든 내용을 정리하기로 하자. 성경은 하나님을 예배하는 일에
있어서 하나님께 간구하는 것이 무엇보다 중요한 부분임을 말씀하고 있다.
이 간구야말로 다른 모든 희생들보다 앞서서 하나님께서 우리에게 요구하
시는 주요한 경건의 의무이므로, 다른 이들에게 기도한다는 것은 그야말로
분명한 모독 행위인 것이다. 그러므로 시편에서도 이렇게 말씀하고 있다:
"우리가 우리 하나님의 이름을 잊어버렸거나 우리 손을 이방 신에게 향하
여 폈더면 하나님이 이를 알아내지 아니하셨으리이까?"(시 44:20-21).

또한, 하나님께서는 우리가 믿음에서 우러나와서 그를 부르기를 바라시

므로, 기도가 그의 말씀의 법칙에 부합되어야 한다는 사실을 분명하게 선언하고 계신다. 결국, 믿음이 말씀에 기초를 두고 있고, 또한 올바른 기도의 어머니이므로, 우리의 믿음이 말씀에서 벗어나게 되면 그 순간부터 기도는 부패한 상태에 빠지고 마는 것이다. 그러나 이미 살펴본 바와 같이, 성경 전체를 보면, 하나님께서 이러한 존귀를 오직 자기 자신에게만 돌리신다는 사실을 분명히 보게 되는 것이다.

중보기도의 사역은 또한 그리스도의 고유한 사역이며, 이 중보자 되시는 그리스도께서 거룩하게 하시지 않는 이상 그 어떠한 기도도 하나님을 기쁘시게 할 수 없다는 사실도 분명히 드러난다. 또한 앞에서 살펴 본 사실이지만, 신자들이 하나님 앞에서 서로서로를 위하여 기도를 드린다 할지라도, 그리스도의 그 고유한 중보기도 사역은 전혀 손상을 입지 않는다. 모든 신자들은 그리스도의 중보기도 사역에 의지하여 자기들 자신과 다른 이들을 하나님께 의탁하는 것이기 때문이다. 또한 이러한 중보기도 사역을 죽은 자들에게 부당하게 적용시키는 일이 있으나, 우리를 위하여 중보기도할 임무가 그들에게 주어졌다는 증거가 성경 어디에서도 나타나지 않는다는 점도 살펴보았다. 성경은 우리가 서로 기도의 의무를 다하라고 자주 명령하면서도, 죽은 자들의 기도에 대해서는 단 한 군데도 언급이 없는 것이다. 사실, 야고보는 우리의 죄를 서로 고백하며 서로를 위하여 기도하라는 두 가지 권면을 한데 합쳐서 제시함으로써(약 5:16) 무언 중에 죽은 자들을 그 대상에서 제외시키고 있는 것이다.

그러므로 다음과 같은 한 가지 증거만으로도 이러한 오류를 충분히 배격하고도 남을 것이다. 곧, 기도는 믿음에서 말미암으며, 믿음은 하나님의 말씀을 들음에서 난다고 말씀하는데(롬 10:14, 17), 여기서 그런 거짓된 간구에 대해서는 한 마디 언급도 없다는 사실이다. 하나님께서 대언자를 달리 세우신 일이 없는 데도 불구하고 미신으로 말미암아 무분별하게 대언자들을 세우는 일이 벌어진 것이다. 성경에는 온갖 형태의 기도들이 가득 차 있는데도, 교황주의자들이 마치 그것이 없으면 기도 자체가 존재하지 않는 것처럼 믿고 있는 이런 식의 중보기도의 예는 단 하나도 찾을 수가 없는 것이다.

그리고 이런 미신이 일어난 것은 믿음이 없기 때문이었음이 분명하다. 그들은 대언자이신 그리스도 한 분으로 만족하지 못했던지, 아니면 그리스도의 대언자 직분을 아예 부인해버렸던지 둘 중의 하나이기 때문이다. 그들의 뻔뻔스러움으로 볼 때에 후자의 경우였음이 쉽게 드러난다. 성자들의 중보기도가 필요하다고 그렇게 강력하게 주장하면서도 그들은 우리가 하나님께 친밀하게 나아갈 자격이 없다는 사실밖에는 근거로 제시하지 못하는 것이다.

물론 인간이 하나님께 가까이 나아갈 자격이 없다는 사실은 우리도 분명한 사실로 받아들인다. 그러나 이 사실을 근거로 내릴 수 있는 우리의 결론은, 조지(George)와 히폴리투스(Hippolytus)와 그 비슷한 성자들이 나서지 않으면 그리스도의 중보기도도 가치가 없는 것처럼 주장하는 자들은 결국 그리스도께 하실 일을 아무것도 남겨두지 않는다는 것이다.

(기도의 종류:사적인 기도와 공적인 기도, 28-30절)

28. 사적인 기도

기도라 할 때에 탄원과 간구를 가리키는 것이 정상이지만, 간구와 감사가 서로 밀접하게 연관되어 있으므로 편의상 한 가지로 묶어서 생각할 수 있을 것이다. 이 가운데 간구에 해당하는 형식들을 바울이 열거하고 있기 때문이다(참조. 딤전 2:1). 간구와 간청을 통해서 우리는 우리의 소원을 하나님 앞에 토로하면서, 하나님의 영광을 드러내며 하나님의 이름을 드높일 수 있는 일들을 구하며, 동시에 우리에게 유익이 되는 은혜들을 구하는 것이다. 그리고 감사를 통해서는 우리에게 베푸신 하나님의 은혜들에 대하여 합당한 찬양을 드리며, 우리에게 임하는 모든 선한 것들에 대해 하나님의 너그러우심을 찬송하는 것이다. 그러므로 다윗은 이 두 가지 기능을 하나로 묶어서 이렇게 말씀하고 있다:"환난 날에 나를 부르라 내가 너를 건지리니 네가 나를 영화롭게 하리로다"(시 50:15).

성경은 이 두 가지 기능을 끊임없이 사용하라고 명령하는데, 여기에는 그럴 만한 합당한 이유가 있다. 다른 곳에서 이미 말씀한 바와 같이, 사방에서 우리를 위협하고 있는 온갖 어려움이 너무나도 많고 너무나도 크다는 것을 우리의 열악한 처지와 또한 직접적인 체험을 통해서 잘 알고 있기 때문에 우리들 모두 하나님께 계속해서 탄식하며 부르짖고 도움을 구할 만한 충분한 이유가 있는 것이다. 그리고 혹 환난이 없다 할지라도, 범죄에 대한 책임이 있고 또한 무수한 유혹거리들이 늘 공격하기 때문에, 아무리 거룩한 사람이라도 그것을 치유하기를 원하기 마련이다.

그러나 찬송과 감사의 제사를 드릴 때에 언제나 죄로 말미암아 방해를 받기 마련이다. 그리하여 하나님은 우리가 비록 게으르고 더디지만, 우리로 하여금 감사하지 않을 수 없도록 하시기 위하여 은혜 위에 은혜를 끊임없이 더하시는 것이다. 요컨대, 우리에게는 넘치게 부어지는 하나님의 은혜가 너무도 크고 풍성하며, 또한 어디를 보아도 놀라운 이적들이 넘쳐나기 때문에, 하나님께 찬양과 감사를 드릴 제목과 이유가 언제나 끊어지지 않는 것이다.

이를 좀 더 분명하게 설명하자면, 이미 충분히 입증한 바와 같이 우리의 모든 소망과 부요함이 하나님께 있으므로 하나님의 축복이 없이는 우리나 우리의 소유가 번성할 수가 없기 때문에, 우리는 항상 우리 자신은 물론 우리가 소유한 모든 것들을 하나님께 맡겨야 한다는 것이다(참조. 약 4:14-15). 그리고 우리가 무엇을 결정하고 말하고 행동하든지 하나님의 손과 하나님의 뜻 아래서 — 한 마디로 말하면, 그의 도우심에 대한 소망 가운데서 — 결정하고 말하고 행하여야 하겠다. 하나님께서는 자기들 자신이나 다른 누구를 믿고 생각하며 계획하고 실행하는 모든 자들을, 무슨 일이든 하나님의 뜻과는 관계 없이 시작하고 행하면서 하나님께 아뢰지 않는 모든 자들을 향하여 저주를 선언하시는 것이다(참조. 사 30:1; 31:1).

앞에서도 이미 몇 차례 말씀했지만, 하나님께서 모든 축복의 근원이심을 인정하는 것이 바로 하나님께 합당한 영광을 돌리는 것이므로, 하나님의 손에서 무엇을 받을 때마다 항상 감사가 뒤따라야 하며, 또한 하나님께 온전한 찬송과 감사를 계속해서 돌리지 않는다면, 하나님의 자비하심에서 나오는 하나님의 모든 은혜들을 사용할 마땅한 이유가 없는 것이다. 바울은 모든 것들이 "하나님의 말씀과 기도로 거룩하여짐이라"(딤전 4:5)라고 증언하고 있는데, 이는 곧 말씀과 기도가 없이는 그것들이 절대로 우리에게 거룩하고 순결한 것이 될 수가 없다는 것을 암시한다. ("말씀"을 그는 환유법[換喩法]적으로 "믿음"이라는 뜻으로 이해하고 있음이 분명하다.)

그러므로, 다윗은 여호와의 자비하심을 깨닫고서 "새 노래 곧 우리 하나님께 올릴 찬송을 내 입에 두셨도다"라고 멋지게 선언하였다(시 40:3). 여기서 자연스럽게 암시되고 있는 대로, 만일 하나님의 축복을 받고서 하나님께 찬송드리지 못한다면, 우리의 침묵은 악한 것일 수밖에 없다. 하나님께서는 복을 베푸실 때마다 항상 우리에게 그를 찬송할 기회를 주시는 것이기 때문이다. 그리하여 이사야 선지자도 하나님의 크나큰 은혜를 선포하면서 신자들에게 "여호와께 새 노래로 노래하며 땅 끝에서부터 찬송하라"고 말씀하는 것이다(사 42:10). 다윗도 다른 곳에서 이런 의미로 말씀한다:"주여 내 입술을 열어 주소서 내 입이 주를 찬송하여 전파하리이다"(시 51:15). 또한 이와 마찬가지로 히스기야와 요나도 하나님의 구원하심을 받은 후에 성전에서 하나님의 선하심을 노래하리라고 한다(사 38:20; 욘 2:9). 다윗은 이것을 모든 경건한 자들에게 공통적으로 적용되는 법칙으로 제시하고 있다:"내게 주신 모든 은혜를 내가 여호와께 무엇으로 보답할까? 내가 구원의 잔을 들고 여호와의 이름을 부르리로다"(시 116:12-13). 또한 다른 시편에서는 교회가 이 법칙을 따르고 있음이 나타난다:"여호와 우리 하나님이여 우리를 구원하사 여러 나라로부터 모으시고 우리가 주의 거룩하신 이름을 감사하며 주의 영예를 찬양하게 하소서"(시 106:47); "여호와께서 빈궁한 자의 기도를 돌아보시며 그들의 기도를 멸시하지 아니하셨도다 … 창조함을 받을 백성이 여호와를 찬양하리로다 … 여호와의 이름을 시온에서, 그 영예를 예루살렘에서 선포하게 하려 하심이라"(시 102:17, 18, 21).

과연, 신자는 하나님께서 그의 이름을 위하여 무언가를 해주시기를 그에게 간구할 때마다 자기들 자신의 이름으로는 아무것도 얻을 자격이 없음을 고백하는 것이며, 따라서 반드시 하나님께 감사를 드리도록 스스로를 매어 놓고서, 하나님의 은혜를 올바로 사용하며 그 은혜를 높이 전파하겠노라고 스스로 약속하는 것이다. 그러므로 호세아 선지자는 다가올 교회의 구속에 대해 말씀하는 중에 다음과 같이 말씀하고 있다:"모든 불의를 제거하시고 선한 바를 받으소서 우리가 수송아지를 대신하여 입술의 열매를 주께 드리리이다"(호 14:2).

하나님이 베푸시는 은혜들이 스스로 입술의 찬양을 요구할 뿐 아니라 성도들은 자연히 그 은혜들을 사랑하게 되어 있는 것이다. 다윗은 말씀하기를, "여호와께서 내 음성과 내 간구를 들으시므로 내가 그를 사랑하는도다"(시 116:1)라고 하며, 또한 다른 곳에서도 자신이 체험한 도움에 대해서 이렇게 찬양한다:"나의 힘이신 여호와여 내가 주를 사랑하나이다"(시 18:1). 그러나 찬양이 이처럼 진정한 사랑에서 우러나오는 것이 아닐 때에는 절대로 하나님을 기쁘시게 할 수가 없다. 또한 더 나아가서 우리는 감사와 함께 엮어져 있지 않은 간구는 모두가 악할 뿐이라는 바울의 말씀을 이해해야 한다. 그는 이렇게 말씀하고 있다:"모든 일에 기도와 간구로, 너희 구할 것을 감사함으로 하나님께 아뢰라"(빌 4:6). 기도할 때에 짜증과 지겨움, 초조, 비통한 원망, 혹은 두려움 때문에 그저 우물우물대는 사람들이 많기 때문에, 바울은 신자들에게 감정을 가라앉히고 절제하여 하나님께 구하는 바를 얻기를 조용히 기다리면서, 기쁨으로 하나님을 찬송하라고 말씀하고 있는 것이다. 거의 감사할 수 없는 일들에서조차도 그런 기쁨과 감사의 찬송이 충만해야 마땅하다면, 하물며 하나님께서 우리의 소원을 얻게 해주실 때에는 어떠하겠는가? 하나님께 찬양의 노래를 불러드려야 할 거룩한 의무가 더욱 크지 않겠는가?

이미 가르친 바와 같이, 우리의 기도들이 그리스도의 중보로 말미암아 거룩하게 구별되며, 따라서 그리스도의 중보가 없이는 그 기도들이 부정할 수밖에 없으므로, 사도는 그리스도로 말미암아 찬송의 제사를 드리라고 말씀하여(히 13:15) 그리스도의 대제사장적인 중보 사역이 우리를 위해서 이루어지기까지는 우리의 입술이 부정하여 하나님의 이름을 찬송하기에 합당치 못하다고 경고하고 있다. 이런 사실을 볼 때에, 교황주의자들은 이상스러운 것에 홀려 있는 것이라 여겨진다. 그들 중 대부분의 사람들이 어째서 그리스도를 가리켜 "대언자"라 부르는지에 대해서 매우 의아하게 여기기 때문이다.

바울이 항상 기도하고 끊임없이 감사할 것을 우리에게 명하는(살전 5:17-18; 참조. 딤전 2:1, 8) 이유는, 물론 모든 사람들이 어느 때나 어느 곳에서나 어떠한 처지나 상황 가운데서도 자기들의 소원을 항상 하나님께 올려드리고 하나님께 모든 기대를 걸 것을 바라기 때문이요, 또한 모든 일에 대하여 하나님께 찬송을 드리기를 바라기 때문이다. 이렇듯 하나님은 우리로 하여금 찬송과 기도를 올릴 확실한 이유를 끊임없이 우리에게 베풀어 주시는 분이신 것이다.

29. 공적인 기도의 필요성과 위험 요인

항상 끊임없이 기도해야 한다는 것은 특히 개인의 사사로운 기도와 관련이 있지만, 교회의 공적인 기도와도 어느 정도 관련이 있다 하겠다. 그러나 공적인 기도는 쉬지 않고 드릴 수 있는 것도 아니고, 모든 성도들의 전체적인 동의에 의하여 채택한 일정한 질서에 따르지 않고 무작정 시행해서도 안 되는 것이다. 이 점은 나도 인정한다. 그렇기 때문에, 하나님께는 상관이 없는 일이지만, 사람들의 편의를 위하여 특정한 시간들을 합의하여 정해 놓는 것이 필요할 것이다. 왜냐하면 사도 바울의 말씀에 따르면 교회에서 모든 일을 "품위 있게 하고 질서 있게" 하여야 하기 때문이다(고전 14:40). 그러나 그렇다고 해서, 각 교회마다 어떤 중대한 필요가 있을 때에 이러한 기도를 거듭하여 더 자주 사용하고 더 열심을 불러일으키지 말아야 할 이유는 없을 것이다. 기도에 있어서 끝까지 인내하는 문제는 끊임없이 기도하는 문제와 아주 밀접하게 관련되는데, 이에 대해서는 마지막 부분에서 다룰 기회를 갖도록 할 것이다.

이 문제는 그리스도께서 하지 말라고 금하신 헛된 중언부언(마 6:7)과
는 아무런 관계가 없다. 그리스도께서는 끈질기게, 오랫동안, 자주, 열정적
으로 하는 기도를 금하지 않으신다. 다만, 마치 하나님이 사람들처럼 회유
를 당할 수 있는 분이신 것처럼 생각하여, 우리가 우리의 힘을 다하여 하
나님께 온갖 이야기를 게걸스럽게 늘어 놓으면 하나님께서 마지 못해서라
도 우리의 기도를 들어주신다는 식으로 우리의 능력을 신뢰해서는 안 된
다는 것을 말씀하시는 것이다. 그런데 우리가 잘 아다시피 외식자들은 자
기들이 하나님을 대한다는 사실을 생각하지 않기 때문에 마치 개선할 때
하듯이 기도할 때에도 그렇게 화려하게 겉을 장식한다. 바리새인은 자기가
다른 사람들과 같지 않다는 것을 하나님께 감사했는데(눅 18:11), 그는
기도를 통해서 거룩하다는 명성을 얻고 싶어서 사람들이 보는 앞에서 그
렇게 자기를 칭찬한 것이 분명하다.

이와 비슷한 이유에서 그런 헛된 중언부언이 오늘날 교황주의 속에도
널리 퍼져있다. 어떤 사람들은 몇 마디 안 되는 짧은 기도를 거듭거듭 되
뇌이며 시간을 보내고, 또 다른 사람들은 군중들 앞에서 온갖 말들을 장황
하게 쏟으며 자기를 자랑하는 것이다. 이처럼 쓸데없이 말을 많이 하는 일
이 하나님을 조롱하는 것이 되므로, 교회가 그런 것을 금하여 마음 깊은
곳으로부터 우러나오는 진지한 내용 이외에는 어떠한 내용도 발설되지 않
도록 한다고 해도 이상할 것이 없는 것이다.

이러한 부패의 요소와 아주 가깝고 또한 유사한 또 다른 것이 있는데,
그리스도께서는 이것도 또한 배격하신다. 곧, 사람들에게 보이기 위해서
많은 증인들을 확보하려고 애쓰며, 시장 같은 곳에서 자주 기도하여 세상
의 칭찬을 놓치지 않으려고 애쓰는 외식자들의 자세가 바로 그것이다(마
6:5). 그러나, 하나님을 찬양하거나 그의 도움을 구하거나 간에 기도의 목
표가 바로 아뢰는 내용을 마음에서 우러나와서 하나님께 드리는 것에 있
다는 사실을 이미 말씀한 바 있으므로, 이러한 사실로 볼 때에 우리는 기
도의 좌소(座所)가 정신과 마음에 있다고 이해할 수도 있고, 아니면 기도
그 자체가 마음을 살피시는 하나님 앞에 은밀한 속마음의 감정을 토로하

는 것이라고도 이해할 수 있을 것이다(참조. 롬 8:27).

그러므로 이미 말한 바와 같이, 하늘의 스승이신 그리스도께서는 기도를 위해서 가장 좋은 법칙을 제시하시면서 우리에게 명하시기를, 골방으로 돌아가서 문을 잠그고 우리 아버지께 은밀하게 기도하여, 은밀한 중에 계시는 아버지께서 우리 기도를 들으시게 하라고 하신다(마 6:6). 주님은 헛된 겉모양만의 기도로 사람들에게서 칭찬을 받기를 구하는 외식자들의 예를 들어서 그 잘못을 깨우치신 다음, 이어서 그보다 더 나은 기도의 방법을 제시하시니, 곧 골방에 들어가 문을 잠그고 은밀하게 기도하라는 것이 그것이다.

내가 이해하기로는, 주님의 이 말씀들의 의미는 바로 기도할 때에 우리의 생각 전체를 우리 속마음에 집중시키고 그 속에 깊이 침잠할 수 있도록 하기 위해서 홀로 고요히 있을 수 있는 곳을 찾으라는 것이라 여겨진다. 주님은 하나님께서 — 우리의 몸이 그의 성전이어야 마땅하다 — 반드시 우리 마음의 감정과 교감하실 것이라고 약속하시는 것이다(참조. 고후 6:16).

그렇다고 해서 다른 곳들은 기도하기에 합당치 않다는 의미는 결코 아니다. 다만 주님은 기도란 은밀한 것이며 근본적으로 마음 속에 담겨 있는 것이므로, 우리의 관심을 흐트러뜨리는 이런저런 것들에서 멀리 떠나 고요한 가운데서 이루어져야 한다는 것을 말씀하는 것뿐이다. 그러므로 주님께서도 기도에 좀 더 깊이 몰두하고자 하실 때에는 시끄러운 무리들 곁을 떠나서 언제나 한적한 곳을 찾곤 하셨고, 그리하여 자신의 모범을 통해서 이런 한적한 장소가 주는 도움을 무시해서는 안 된다는 것을 보여주신 것이다. 우리의 마음이 너무도 불안정하기 때문에, 그런 도움을 얻어야 기도에 더욱 진지하게 임하게 되는 것이다.

그러나 다른 한 편으로, 형편이 그렇게밖에 되지 않을 경우에는 심지어 무리들 중에 계시면서도 주님께서 기도를 중단하지 않으셨으니, 우리 역시 어떠한 곳에 있든 필요가 생길 때마다 거룩한 손을 들어 기도해야 마땅할 것이다(딤전 2:8). 마지막으로 생각해야 할 것은, 누구든지 경건한 자들이 모인 거룩한 모임에서 기도하기를 거부하는 사람이 있다면 그런 사람은 사사로이, 혹은 은밀한 곳에서, 혹은 집에서 기도한다는 것이 무엇인지를 모르는 사람이라는 것이며, 또한 홀로 사사로이 기도하기를 거부하는 자는 아무리 공적인 모임에 자주 참석한다 해도 거기서 드리는 기도는 그저 바람에 날리는 것 이외에 아무것도 아니라는 것이다. 그런 사람은 하나님의 은밀한 판단보다도 사람의 생각을 더 중요시하기 때문이다.

뿐만 아니라, 하나님께서는 교회에서 행하는 공적인 기도를 멸시하는 일이 없도록 하기 위해서 옛부터 그런 기도를 빛나는 칭호로 장식해 주셨다. 특히 성전을 가리켜 "기도하는 집"(사 56:7; 마 21:13)이라 부르신 것이다. 이런 용어를 통해서 하나님께서는 기도의 의무가 예배의 주요 부분이라는 것을 가르치셨으며, 또한 신자들로 하여금 한 마음으로 기도에 임하도록 하시기 위하여 일종의 깃발처럼 성전을 세우신 것임을 가르치신 것이다. 그리고 분명한 약속이 거기에 덧붙여졌다:"하나님이여 찬송이 시온에서 주를 기다리오며 사람이 서원을 주께 이행하리이다"(시 65:1).

이 말씀들을 통해서 선지자는 교회의 기도들이 절대로 효과가 없는 것이 아니라는 것을 시사하고 있다. 하나님께서 언제나 그의 백성들에게 기쁨으로 노래할 기회를 베풀어 주시기 때문이라는 것이다. 그러나 율법의 그림자가 비록 폐지되었다고는 하지만, 하나님께서는 이 규례를 통하여 우리들 가운데서 믿음의 연합을 증진시키기를 기뻐하셨으므로 그 동일한 약속이 아직도 우리들에게 적용된다는 데에는 의심의 여지가 없는 것이다. 그리스도께서도 친히 그의 입으로 이 약속을 확증하셨고, 또한 바울도 그 약속이 영원토록 유효한 것으로 선언하고 있는 것이다.

30. 교회 건물이 아니라 신자들 자신이 하나님의 성전임

자, 이제 하나님께서 그의 말씀으로 신자들에게 공적인 기도를 명하고 계시니, 그런 기도를 행할 공적인 성전이 있어야 할 것이다. 신자들이 각자 자기 집 골방에 들어가면서 하나님의 명령을 지키고 있다는 식으로 거짓된 핑계를 대는 일이 없도록 하나님의 백성들이 함께 모여 교제하며 기도하는 장소가 있어야 한다는 말이다. 주께서는 두세 사람이 그의 이름으로 모여 구하면 무엇이든 행할 것이라고 약속하심으로써(마 18:19-20), 공적으로 행하는 기도를 멸시하지 않으실 것을 확증하시는 것이다. 단, 겉모양만의 기도와 사람에게 보이려고 하는 기도가 아니고, 각 사람의 마음의 은밀한 곳에 진지하고 참된 감정이 거하는 그런 기도가 있어야 하는 것은 물론이다.

이것이 교회 건물을 정당하게 사용하는 길일진대, 우리는 여기서 그 건물들을 하나님이 거하시는 처소로 여겨서 그곳에서 기도하면 하나님이 더 잘 들으신다거나 ─ 여러 세기 전에 사람들이 그렇게 생각하기 시작했다 ─ 혹은 교회 건물들에 무슨 은밀한 거룩함 같은 것이 있어서 거기서 하는 기도가 하나님 앞에 더 거룩하다는 식의 생각을 갖지 않도록 경계해야 할 것이다. 우리 자신들이 참된 하나님의 성전들이므로, 하나님의 거룩한 성전에서 하나님을 부르려면 우리 속마음에서 우러나와서 기도하면 되는 것이다. 그러니, 이런 어리석은 생각일랑 유대인들이나 이교도들에게 버려두자. 우리는 장소의 구별이 없이 "영과 진리로"(요 4:23) 주님을 부르라는 명령을 받고 있기 때문이다. 옛날 하나님의 명령에 따라서 기도를 드리고 희생 제사를 드리기 위하여 성전이 세워진 것은 사실이다. 그러나 그 당시는 진리가 가리워져 있었고 그림자 아래에서 상징적으로 나타나 있었다. 그런데 이제는 살아 있는 실체를 통해서 우리에게 드러나 있으므로, 물질적인 성전에 집착하는 것이 우리에게는 허용되지 않는 것이다.

또한 유대인들에게 성전을 주신 것도 하나님의 임재를 성전 벽 속에 가두어 두기 위함이 아니라 그들로 하여금 참된 성전의 모습을 바라보도록 훈련시킬 목적으로 그렇게 하신 것이다. 그러므로 이사야와 스데반은 어떤 식으로든지 하나님께서 손으로 만든 성전에 거하신다고 생각하는 자들을 엄히 책망하고 있는 것이다(사 66:1; 행 7:48-49).

(기도와 노래, 그리고 언어 사용의 문제, 31-33절)

31. 기도에서 말하고, 노래하는 문제

그러므로, 기도 중에 음성을 사용하고 노래를 사용하는 경우에 그것들이 마음의 깊은 감동에서 우러나오는 것이 아니면 하나님 앞에서 아무런 가치도 유익도 없다는 것이 너무도 분명해진다. 그러나 그것들이 입술이나 목구멍에서만 나오는 것이라면 하나님의 진노를 불러일으키는 것밖에 아무것도 아니다. 그런 것이야말로 하나님의 지극히 거룩하신 이름을 모욕하며 하나님의 위엄을 조롱하는 처사이기 때문이다. 이사야 선지자의 다음과 같은 책망의 말씀은 물론 더 광범위하게 적용되는 것이지만 바로 이러한 잘못을 책망하는 것이기도 하다:"이 백성이 입으로는 나를 가까이 하며 입술로는 나를 공경하나 그들의 마음은 내게서 멀리 떠났나니 그들이 나를 경외함은 사람의 계명으로 가르침을 받았을 뿐이라"(사 29:13; 참조, 마 15:8-9), "그러므로 내가 이 백성 중에 기이한 일 곧 기이하고 가장 기이한 일을 다시 행하리니 그들 중에서 지혜자의 지혜가 없어지고 명철자의 총명이 가려지리라"(사 29:14).

우리는 여기서 기도 중에 말로 발설하는 것과 노래하는 것을 정죄하자는 것이 아니다. 오히려 마음의 감동에서 우러나올 경우, 그것들을 매우 강하게 장려하는 것이다. 말로 발설하고 노래함으로써 마음으로 하나님을 생각하게 하고 거기에 주의를 기울이도록 도와주는 것이다. 사실 마음이란 불안정하고 변화가 많기 때문에 여러 가지 수단들을 통해서 도움을 받지 않으면 이리저리로 흐트러지기 일쑤인 것이다. 더욱이 하나님의 영광이 어느 정도 우리 몸의 여러 부분부분에서 드러나야 하므로, 말로 발설하며 노래함으로써 혀를 그런 목적을 위하여 사용하는 것이 매우 적절한 것이다. 혀는 바로 하나님을 향한 찬양을 말하고 선포하기 위하여 창조되었기 때문이다. 그러나 신자들이 함께 모여서 드리는 공적인 기도에서 혀가 하는 주요 기능은, 우리 모두가 똑같은 목소리로, 말하자면 한 입으로 함께 하나님께 영광을 돌리고 한 마음과 한 믿음으로 하나님을 예배하도록 하는 데 있는 것이다. 모두가 공개적으로 그렇게 함으로써 모든 사람들이 서로서로에게서 신앙의 고백을 받게 되고, 또한 그 모범을 따라서 함께 거기에 동참하도록 권유와 자극을 받게 되는 것이다.

32. 교회에서 노래하는 문제

이와 더불어 교회에서 노래하는 일에 대해서 잠깐 말하자면, 그런 예는 매우 오래 전부터 있어온 것일 뿐 아니라 사도들 가운데서도 있었다. 사도 바울의 말씀 속에서 그런 사실을 추정할 수 있다:"내가 영으로 찬송하고 또 마음으로 찬송하리라"(고전 14:15). 그리고 골로새서에서도 이와 비슷하게 말씀하고 있다:"피차 가르치며 권면하고 시와 찬송과 신령한 노래를 부르며 감사하는 마음으로 하나님을 찬양하고"(골 3:16). 첫 번째 본문에서는 우리가 목소리와 마음으로 노래해야 할 것을 가르치며, 두 번째 본문에서는 경건한 자들을 서로서로 세워주는 신령한 노래를 장려하고 있는 것이다.

그런데 아우구스티누스는 이런 찬송의 행위가 보편적으로 행해지지 않았다는 사실을 증언하고 있다. 그는 밀라노(Milan) 교회는 암브로시우스 때에 와서야 비로소 처음 노래를 하기 시작했다고 진술한다. 그 당시 발렌티니아누스(Valentinian) 황제의 어머니인 유스티나(Justina)가 정통 신앙을 강하게 핍박하자 사람들이 평상시보다 훨씬 더 기도에 임하게 된 것이 계기가 되었고, 그 후 서방의 나머지 교회들이 밀라노 교회의 모범을 따르게 되었다는 것이다. 조금 앞에서 그는 이런 관례가 동방 교회들에서 나왔다고 말했었다. 그는 또한 그의 「재고록」(*Retractations*) 제2권에서, 그의 시대에 그런 관행이 아프리카에서도 시행되고 있었다는 것을 암시하고 있다.

그는 이렇게 말한다:"성찬의 떡을 들기 전이나 혹은 사람들에게 분배할 때에 시편에서 따온 찬송을 제단에서 부르는 관행이 카르타고에서 막 시작되었는데, 군대 사령관을 지낸 힐라리우스(Hilarius)라는 사람이 기회 있을 때마다 어디서든지 악의를 품고 이를 비난하고 공격하였다. 이에 형

제들이 간청하여, 내가 그를 반박하였다."

만일 노래하는 것이 하나님과 천사들 앞에 합당한 위엄을 갖추어 진행 된다면, 기도의 거룩한 행위에 위엄과 은혜를 실어주게 되고, 따라서 우리 마음에 기도하고자 하는 참된 열심과 열정을 일깨우는 데에 크나큰 가치 가 있을 것이 확실하다. 그러나 우리의 귀가 그 노래 가사의 영적 의미보 다도 그 곡조에 더 솔깃해지지 않도록 매우 조심해야 할 것이다. 아우구스 티누스는 다른 곳에서, 그가 이런 위험 때문에 매우 곤란을 느껴서 아타나 시우스(Athanasius)가 행한 것처럼 낭송자가 음성의 높낮이를 아주 줄여 서 노래한다기보다는 말하는 것처럼 들리게 하는 관례가 교회 안에 확립 되었으면 하는 생각이 들 때도 있었다고 말하기도 한다. 그러나 노래가 자 기에게 얼마나 큰 유익을 주는지를 생각할 때에, 다른 방향으로 마음이 끌 린다고 하였다.

그러므로, 이렇게 적당한 정도가 지켜진다면, 노래하는 것이야말로 의심 의 여지도 없이 지극히 거룩하고 유익한 일이라 하겠다. 그러나 그저 귀에 만 감미롭고 유쾌하도록 노래를 지어서 부른다면, 교회의 위엄에도 어울리 지 않을 뿐 아니라 하나님께 극도로 거슬리지 않을 수가 없을 것이다.

33. 기도는 사람들이 이해할 수 있도록 모국어로 드려야 함

여기서 또한 뚜렷하게 드러나는 사실은, 지금까지 행해지던 관례처럼 공 적인 기도가 라틴 사람들 사이에서 헬라어로 행해지거나, 프랑스인이나 영 국인들 사이에서 라틴어로 행해져서는 안 되고, 사람들이 일상적으로 사용 하는 모국어로 행해져서 모든 사람들이 전반적으로 이해할 수 있도록 해 야 한다는 것이다. 공적인 기도는 온 교회에 덕을 세우기 위하여 시행되어 야 마땅한데, 이해하지도 못하는 소리에서 무슨 유익을 얻을 수가 있겠는 가? 사랑이나 친절 따위에 아랑곳하지 않는 사람들일지라도 최소한 바울 의 권위에는 조금이라도 영향을 받았어야 옳았을 것이다.

그는 다음과 같이 너무도 분명하게 말씀하고 있다:"네가 영으로 축복할 때에 알지 못하는 처지에 있는 자가 네가 무슨 말을 하는지 알지 못하고 네 감사에 어찌 '아멘' 하리요? 너는 감사를 잘하였으나 그러나 다른 사람은 덕 세움을 받지 못하리라"(고전 14:16-17). 이렇게 사도께서 분명하게 외치고 있는데도 불구하고, 자기들이 한 마디도 알지 못하는 외국어로 장황한 기도를 늘어놓으면서 다른 사람이 그것을 이해하기를 바라지도 않는 교황주의자들의 그 무분별한 방자한 짓들이라니, 도대체 이것을 보고 놀라지 않을 사람이 어디 있겠는가?

그러나 바울은 우리가 행하여야 할 바에 대해서 이런 것과는 전혀 달리 가르치고 있다:"그러면 어떻게 할까? 내가 영으로 기도하고 또 마음으로 기도하며 내가 영으로 찬송하고 또 마음으로 찬송하리라"(고전 14:15). 여기서 "영"이라는 단어는 방언의 은사를 일컫는 것이다. 어떤 이들이 이 은사를 받고도 그것을 마음과 단절시킨 상태로 사용하여 — 즉 이해하지 못하는 상태로 사용하여 — 그 은사를 악용하고 있었던 것이다. 그러나, 우리는 공적인 기도나 사적인 기도나 간에, 마음이 없이 방언을 사용하는 것은 하나님을 심히 불쾌하게 만드는 것임을 명심해야 한다. 더 나아가서, 마음이 일깨움을 받아서 방언이 입의 말로써 표현하는 모든 내용을 능가할 정도로 열렬한 생각이 일어나야 마땅한 것이다.

마지막으로, 방언은 심지어 사적인 기도를 위해서도 불필요하다는 것을 알아야 한다. 다만, 내적인 감정의 힘이 부족하여 마음이 스스로는 일어나지 않거나 혹은 감정이 너무도 격렬하게 발동하여 방언 행위가 저절로 함께 이루어지는 경우는 예외라 할 수 있을 것이다. 가장 훌륭한 기도들이 때로는 말로 발설되지 않는 경우도 더러 있기는 하지만, 실제로는 마음의 감정이 일깨워지면 허세를 부리려는 의도가 없이도 방언이 저절로 말로 발설되어 나오고, 몸의 다른 지체들이 동작을 하게 되는 일이 자주 일어나는 것이다. 한나가 혼자서 중얼거린 것도 여기서 비롯된 것이 분명하다(삼상 1:13). 그리고 모든 성도들도 간헐적으로 말이 터져나오는 등 이와 비슷한 현상을 계속해서 체험하고 있는 것이다.

그리고, 기도할 때 무릎을 꿇는다든지, 머리에 쓴 것을 벗는다든지 하는 습관적인 몸의 자세들은 하나님을 더 높이 받들고자 하여 행하는 것이다.

(주기도문:전반부의 세 가지 간구에 대한 해설, 34-43절)

34. 주기도문이 주는 도움

이제 우리는 좀 더 확실한 기도의 방법을 배워야 할 뿐 아니라 기도의 형식까지도 배워야 하겠다. 곧, 하늘 아버지께서 그의 사랑하시는 아들을 통하여 우리에게 가르쳐 주신 것이 바로 그것인데(마 6:9 이하; 눅 11:2 이하), 우리는 여기서 하나님의 무한한 선하심과 자비하심을 볼 수 있을 것이다. 주님은 이 기도에서, 마치 어린 아이들이 걱정과 어려움이 있을 때마다 언제나 부모에게로 달려가 그 보호를 피난처로 삼는 것처럼, 우리도 모든 필요에서 하나님을 구해야 한다고 경계하시고 가르치시는 것이다. 뿐만 아니라, 주님은 우리가 얼마나 궁핍한지, 무엇을 구해야 옳은지, 우리에게 무엇이 과연 유익한지를 우리 자신들이 충분히 깨닫지 못하고 있는 것을 보시고, 친히 우리의 이러한 무지를 올바른 지식으로 채워주시며, 우리의 능력에 모자라는 부분을 친히 공급하시고 주님 자신의 것으로 충족하게 하시는 것이다. 곧, 우리를 위하여 한 가지 기도의 형식을 제시하셔서 우리가 하나님께 구할 수 있는 모든 것과 우리에게 유익이 되는 모든 것과 우리가 구할 필요가 있는 모든 것을 순서대로 세워 놓으신 것이다. 이러한 주님의 친절하심에서 우리는 크나큰 위로의 열매를 얻는다. 곧, 우리가 주님 자신의 기도를 따라서 구하기 때문에, 어리석은 것이나 이상하고 합당치 않은 것을 — 한 마디로, 하나님께서 용납하지 않으시는 것을 — 구하는 일이 없다는 것을 우리 스스로 알게 해준다는 것이다.

플라톤은 신(神)에게 간구하는 기술이 사람에게 없어서 오히려 자기들에게 불리한 일을 겪는 경우가 많은 것을 보고서 말하기를, 고대의 시인에게서 취한 다음과 같은 내용이 최상의 기도라고 하였다:"제우스 신이여, 우리가 바라든 바라지 않든 가장 좋은 것들을 우리에게 내리소서. 그러나 악한 것들은 우리가 구할지라도 우리에게서 멀리 있도록 명하소서."

우리가 욕심에 싸여 주께 무엇을 구한다는 것이 얼마나 위험한 일인지를 이렇게 잘 간파하고 있고, 또한 동시에, 성령께서 올바른 기도의 패턴을 가르쳐주시지 않으면 하나님 앞에서 입을 연다는 것이 참으로 위험천만한 일이므로 바로 거기에 우리의 불행이 있다는 점을 드러내주고 있는 것을 볼 때에, 과연 이 이교도는 지혜로운 사람이었다 하겠다.

그런데 우리의 경우는, 하나님의 독생자께서 친히 우리 입술로 발설할 기도의 내용을 가르쳐주셔서 우리의 마음이 이리저리 방황할 필요가 없다는 사실이 분명하게 있으니, 이러한 특권을 우리는 더욱더 높이 기려야 마땅할 것이다.

35. 주기도문의 주요 내용

이 기도는 여섯 가지의 간구로 이루어진 형식을 취하고 있다. 간구를 일곱 가지로 구분하는 사람들도 있으나, 나는 거기에 동의하지 않는다. 왜냐하면 마태복음 기자가 중간에 "그러나"라는 반의적(反意的) 접속사를 삽입한 것을 볼 때에, 그는 그 두 가지를 함께 묶어서 한 가지 간구로 취급하는 것이 분명하기 때문이다. 이것은 마치 이런 의미와 같다:"시험에 눌리기를 허용하지 마시고 오히려 우리의 연약함을 도우사 우리를 넘어지지 않게 구원하시옵소서." 고대의 교부들도, 마태복음에서 일곱 번째 간구로 첨가되어 있는 것이 해석상으로는 여섯 번째 간구를 가리키는 것으로 보아야 한다는 우리의 견해에 동의하고 있다.

물론 이 기도 전체에서 하나님의 영광이 최고의 자리를 차지하고 있으나, 처음 세 가지 간구들이 특별히 하나님의 영광에 관계된 것이므로, 이 세 가지 간구에서 우리는 우리 자신의 이익이라 할 수 있는 것을 생각하지 말고 오직 하나님의 영광만을 바라보아야 할 것이다. 뒤의 세 가지 간구들은 우리 자신들의 문제에 관한 것이며, 특히 우리 자신들의 유익을 위하여 구할 것들을 말씀하고 있다. 그러므로, 하나님의 이름이 거룩히 여김을 받으시기를 구할 때 ― 하나님께서는 우리가 아무런 조건 없이 그를 사랑하고 예배하는지, 아니면 상급을 받을 것을 기대하여 그렇게 하는지를 시험하시기를 바라시므로 — 우리 자신의 유익에 대해서는 생각하지 말고 오직 우리 자신을 하나님의 영광 앞에 세워놓고서, 오직 그것 하나만을 두 눈으로 바라보아야 하는 것이다. 또한 전반부의 남은 두 가지 간구에 대해서도 역시 똑같은 방식으로 대해야 할 것이다.

이렇게 기도하면, 정말이지 우리에게 크나큰 유익이 생긴다. 왜냐하면 우리가 구할 때 하나님의 이름이 거룩히 여김을 받게 되면, 그 다음에 우리 자신이 또한 거룩히 여김을 받기 때문이다. 그러나 우리는 이런 유익에 대해서 아예 눈을 감고, 말하자면 소경이 되어서 그것에 대해서 전혀 개의치 말아야 한다. 그렇게 해서, 혹시 우리 자신의 사사로운 유익에 대한 소망이나 기대가 완전히 끊어진다 할지라도 우리는 여전히 하나님의 영광에 관한 것들이 거룩히 여김을 받도록 간절히 소원하고 그렇게 간구하기를 그치지 말아야 하는 것이다.

모세와 바울의 경우를 보면, 그들은 자기들 자신에게서 마음과 눈을 완전히 돌리기를 주저하지 않았고, 하나님의 영광과 그의 나라를 위해서라면 자기들 자신이 멸망되는 일까지도 맹렬하게 불타오르는 열정으로 바라고 사모했던 것을 보게 된다(출 32:32; 롬 9:3). 뿐만 아니라, 우리의 일용할 양식을 주시기를 구할 때에도, 물론 우리의 유익이 되는 것을 바라는 것이기는 하지만, 여기서도 특히 하나님의 영광을 구함으로써 하나님의 영광을 높이는 것이 아닌 것은 구하지 않게 되어야 하는 것이다. 자, 이제 이 기도에 대한 해설로 들어가기로 하자.

("하늘에 계신 우리 아버지여")

36. "우리 아버지"

주기도문의 맨 첫 머리에서 앞에서 언급한 사실을 먼저 접하게 된다. 곧, 모든 기도는 그리스도의 이름으로 오직 하나님께만 올려야 한다는 사실이다. 하나님께는 다른 어떠한 이름도 합당치 않기 때문이다. 하나님을 "아버지"라 부를 때에, 우리는 "그리스도"라는 이름을 제시하게 된다. 과연 무슨 확신이 있길래 하나님을 "아버지"라 부른단 말인가? 그리스도 안에서 베풀어진 은혜로 말미암아 우리가 자녀로 입양된 일이 없다면, 누가 감히 그렇게 건방지게 자기 자신을 하나님의 아들의 높은 존귀를 가진 존재로 치부할 수 있겠는가? 하나님의 참 아들이신 그리스도께서는 친히 자기 자신을 우리에게 형제로 주셨으므로, 우리가 확실한 믿음으로 이 크나큰 복을 껴안으면, 입양의 사실로 말미암아 그리스도께서 그의 본성으로 지니고 계신 그것이 우리의 것이 되는 것이다. 그러므로 요한은 누구든지 하나님의 독생자의 이름을 믿는 자들에게는 하나님의 자녀가 되는 권세를 주셨다 (요 1:12)고 말씀하고 있는 것이다.

그러므로 하나님은 친히 자기 자신을 우리의 아버지라고 부르시며, 또한 우리에게도 그렇게 부르도록 하시는 것이다. 이 정말 다정한 이름을 사용하게 하심으로써 하나님은 우리에게서 모든 불신을 제거하신다. 아버지의 사랑보다도 더 큰 사랑은 어느 곳에서도 찾을 수가 없기 때문이다. 그러므로 하나님은 우리를 향하신 그의 한이 없는 사랑을, 우리가 "하나님의 자녀들"로 일컬음을 받게 하셨다는 가장 확실한 증거를 통해서 입증하시는 것이다(요일 3:1). 하나님께서 선하심과 긍휼하심에서 모든 사람들을 능가하시는 것처럼, 그의 사랑도 모든 인간 부모들의 사랑을 무한히 뛰어 넘는 것이다. 그러므로, 이 땅의 모든 아버지들이 자식에 대한 모든 부정(父情)을 저버리고 자녀들을 버린다 할지라도, 하나님은 절대로 우리를 버려두지 않으신다(참조. 시 27:10; 사 63:16). 하나님이 자기 자신을 부인하실 수가 없기 때문이다(딤후 2:13).

우리에게는 하나님의 분명한 약속이 있다:"너희가 악한 자라도 좋은 것으로 자식에게 줄 줄 알거든 하물며 하늘에 계신 너희 아버지께서 구하는 자에게 좋은 것으로 주지 않겠느냐?"(마 7:11). 이와 비슷하게 이사야서에서도 이렇게 약속하신다:"여인이 어찌 그 젖 먹는 자식을 잊겠으며 자기 태에서 난 아들을 긍휼히 여기지 않겠느냐? 그들은 혹시 잊을지라도 나는 너를 잊지 아니할 것이라"(사 49:15). 아들이 자기가 낯선 사람이나 외인(外人)의 보호에 맡겨지거나 넘겨지는 일을 당할 때에 어떻게 그 아버지의 잔인함과 무정함을 원망하지 않을 수 있겠는가? 이와 같이, 만일 우리가 하나님의 자녀들이라면, 궁핍하며 속수무책이며 잔인하며 지나치게 엄격하다고 하면서 하나님을 원망하지 않는 한, 우리는 하나님 이외에 다른 어느 누구에게서도 도움을 구할 수가 없는 것이다.

37. "우리 아버지" — 하나님에 대한 신뢰와 사랑을 갖도록 격려함

그리고, 우리 아버지께서 자상하시고 온유하시지만 죄가 그를 날마다 불쾌하게 만든다고 생각하여 죄를 의식하여 우리 스스로 움츠러드는 것이 당연하다는 식의 자세를 가져서도 안 될 것이다. 사람들 사이에서도 아들이 만일 무슨 잘못을 했을 때 직접 아버지 앞에 나아가 자기의 과실을 고백하고 아버지의 긍휼을 구하는 것 이상으로 좋은 대변인이나 중재인이 없다고 한다면 — 어느 아버지가 그런 아들의 간청을 대하면서도 아무런 감동이 없는 체할 수 있겠는가 — 하물며 긍휼의 아버지이시며 모든 위로의 하나님이신 그분께서는(참조. 고후 1:3) 어떻게 하시겠는가? 하나님께서 친히 우리에게 직접 간구하라고 구체적으로 당부하고 계시니, 아버지의 사랑과 자비하심을 신뢰하지 못하고 두려움과 절망으로 인하여 다른 어떤 대언자의 도움을 받아서 겨우 아뢰는 것보다도, 그의 자녀들이 스스로 탄식과 눈물로 간구할 때에 그것을 들어주지 않겠는가?

주님은 한 가지 비유를 통해서(눅 15:11-32) 이러한 아버지의 사랑의 풍성함을 우리에게 가르쳐 주신다. 한 아들이 스스로 아버지에게서 벗어나서 자기의 소유를 무분별하게 탕진하였고(13절), 온갖 방식으로 아버지께 대하여 큰 범죄를 저질렀다(18절). 그러나 아버지는 그를 팔로 안고서, 아들이 용서해 달라고 구하기까지 기다리지 않고 그것을 미리 예상하고, 멀리서부터 아들을 알아보고 달려가서 그를 맞으며(20절), 그를 영접하여 그를 사랑으로 받아들였다(22-24절).

주님은 이런 위대한 사랑의 모범이 사람에게서도 나타나는 것으로 말씀하시면서, 동시에 하나님께서는 얼마나 더 사랑이 풍성하신지를 가르치고자 하신 것이다. 하나님은 그냥 아버지이실 뿐 아니라 아버지들 중에서도 가장 선하시고 가장 자비하신 아버지이시다. 그러므로 우리가 비록 감사치 못하고 배은망덕하며 비뚤어진 자녀라 할지라도 우리 스스로 하나님의 긍휼하심을 구하면 풍성한 자비하심으로 우리를 용납하시는 것이다. 그리고 우리가 그리스도인들이라면 하나님께서 자비하신 아버지가 되신다는 확신을 더욱 강하게 하기 위하여, 주님은 우리에게 하나님을 그냥 "아버지"가 아니라 분명하게 "우리 아버지"라고 부르게 하신 것이다.

이것은 마치 우리가 이런 식으로 하나님께 아뢰는 것과도 같다:"오, 아버지여, 자녀들을 향하여 크신 사랑으로 풍성하시고 기꺼이 용서하시기를 바라고 계시니, 아버지의 자녀된 우리들이 비록 아버지께 합당치 못한 무익한 자들이오나 아버지께서 우리에게 아버지의 사랑을 주실 것을 분명히 믿고 확신하는 가운데 아버지를 부르며 간구를 드리옵니다."

그러나 우리의 좁은 마음으로는 하나님의 그 한없는 사랑을 도저히 가늠할 수가 없기 때문에, 그리스도께서 우리의 입양 사실에 대한 보증과 확증이 되시며, 또한 동시에 성령을 그 입양의 증인으로 우리에게 주셔서 그로 말미암아 자유로이 마음껏 목청을 다하여 "아빠, 아버지"라고 부를 수 있게 하시는 것이다(갈 4:6; 롬 8:15). 그러므로, 우리가 하나님께 나아가기를 주저하게 될 때마다, 우리의 두려움을 교정시켜 주시고 우리 앞에 성령을 베푸시사 그가 우리를 인도하셔서 담대히 기도하게 하시도록 하나님께 구하기를 잊지 말아야 할 것이다.

38. "우리 아버지" — 성도 상호 간의 긴밀한 교제를 시사함

그러나, 여기서 주님은 우리들 각자가 개별적으로 하나님을 "나의 아버지"로 부를 것이 아니라 우리들 모두가 한 가지로 하나님을 "우리 아버지"로 불러야 한다는 점을 가르치고 계신다. 이러한 사실에서 우리는 우리 가운데에서 형제 간의 사랑의 느낌이 얼마나 진해야 하는가에 대해서 경계를 받게 된다. 하나님의 긍휼하심과 값없으신 사랑으로 말미암아 우리 모두가 동등하게 그런 아버지의 똑같은 자녀들이 되었기 때문이다. 우리 모두에게 아버지가 한 분이시라면(마 23:9), 그리고 우리의 몫으로 주어지는 모든 좋은 것들이 전부 그 아버지께로부터 오는 것이라면, 기회가 주어질 때마다 서로서로 기쁨으로, 또한 전심으로, 나누어 줄 수 있어야 하며, 그런 일을 가로막고 우리를 분열시키는 것이 절대로 있어서는 안 될 것이다.

우리가 손을 들어 서로서로를 돕고자 하는 마음이 간절하다면 — 그렇게 하는 것이 마땅한 일이겠지만 — 아버지 중의 최고의 아버지이신 하나님의 섭리의 보살피심에 형제들을 내어맡기는 일만큼 형제들에게 유익을 줄 수 있는 것이 없는 것이다. 아버지께서 자상하시고 사랑을 베푸시는 분이시라면, 그것 이상 바랄 것이 무엇이겠는가? 사실 바로 이 점까지도 모두 아버지의 덕분인 것이다. 한 가정의 아버지를 진심으로 깊이 사랑하는 사람은 당연히 그의 온 가족들을 사랑과 선한 뜻으로 대하는 것처럼, 우리로서도 그와 마찬가지로 하늘에 계신 아버지를 향하여 드리는 것과 똑같은 열정과 사랑을 하나님의 백성들에게, 그의 가족에게, 그리고 마지막으로 그의 기업에게 베풀어야 마땅할 것이다. 하나님께서 이들을 그의 독생자의 충만함(엡 1:23)이라 부르실 정도로 그들을 존귀하게 여기시기 때문이다. 그러므로, 그리스도인이라면 모름지기 기도할 때에 이러한 법칙을 준수함으로써 그리스도 안에서 형제된 모든 사람들을 똑같이 받아들이고 대하여야 할 것이다. 비단 지금 현재 그리스도 안에 있는 것으로 인정되는 자들만이 아니라 이 땅에 거하는 모든 사람들을 그렇게 대하여야 할 것이다. 그들에 관하여 하나님께서 어떻게 정하셨는지는 우리의 지식을 뛰어넘는 문제이므로, 우리로서는 그저 그들이 잘되기를 바라고 소망하는 것이 경건하고 인간다운 일일 것이다. 그러나 어느 누구보다도 믿음의 가정에 속한 자들에게 특별한 사랑을 베풀어야 한다. 사도께서도 우리에게 모든 것을 이들과 함께 나누라고 특별히 당부한 바 있는 것이다(갈 6:10). 요약하자면, 모든 기도는 우리 주님께서 그의 나라와 그의 가족 속에 세우신 그 공동체에 주의를 기울여야 한다는 것이다.

39. 기도와 구제의 비교

그러나 그렇다고 해서, 우리가 특별히 우리 자신과 특정한 다른 사람들을 위해서 기도하지 말라는 것은 아니다. 다만, 우리의 마음이 이 공동체에서 떠나거나 혹은 공동체에 대한 생각을 옆으로 제쳐두어서는 안 되고, 언제나 공동체와 연관되어 있어야 한다는 뜻이다. 물론 기도가 개별적으로 행하는 것이지만, 기도의 목적이 공동체를 지향하고 있기 때문에 결국 공동체적인 성격이 기도에서 사라지는 것이 아니다. 이러한 모든 사실은 다음과 같이 생각해보면 쉽게 이해할 수 있을 것이다.

모든 가난한 자들의 궁핍을 덜어주라는 하나님의 일반적인 명령이 있지만, 그 명령을 염두에 두고서 자기가 아는 사람들이나 눈에 보이는 사람들이 고통을 당할 때에 그들의 궁핍을 덜어주면 바로 그것이 그 명령을 지키는 것이 된다. 물론 모든 사람을 다 알 수도 없고 또 모든 가난한 자들에게 도움을 줄 힘이 없어서, 그에 못지 않게 고통을 당하고 있는 수많은 사람들을 그냥 지나친다 할지라도 말이다. 그러므로, 교회 전체의 이러한 공동체적 교제를 바라보고 생각하며 교회원 모두를 마음에 두고 있지만, 그러면서도 그 가운데서도 특히 자기 자신이나 다른 특정한 사람들 — 그가 좀 더 친밀하게 어려움이나 필요를 더 잘 알고 있는 그런 사람들 — 의 사정을 하나님께 특별히 아뢴다 할지라도, 그것은 하나님의 뜻을 거스르는 것이 아닌 것이다.

그러나, 기도와 구제가 모든 면에서 서로 비슷한 것은 아니다. 재물을 나누어 주는 일은 상대방의 궁핍함이 우리의 눈에 보일 때에만 실행할 수 있는 것이다. 그러나 기도의 경우에는 전혀 모르는 외국인이나 낯선 사람들을 위해서조차도 — 아무리 먼 거리에 떨어져 있다 할지라도 — 얼마든지 도움을 줄 수 있는 것이다. 이 일 역시 모든 하나님의 자녀들이 포함된 그런 전체적인 형식의 기도를 통해서 이루어지는 것이다. 바울은 그 당시의 신자들에게 "각처에서 … 분노와 다툼이 없이 거룩한 손을 들어 기도하기를 원하노라"(딤전 2:8)고 당부하고 있는데, 이 사실이 이것을 가리키는 것일지도 모른다. 분쟁으로 말미암아 기도의 문이 닫혀버린다는 것을 경계하면서, 바울은 모두 한 마음으로 똑같이 간구를 드려야 한다는 것을 가르치고자 하는 의도를 갖고 있었던 것이다.

40. "하늘에 계신"

여기에 "하늘에 계신"이라는 말이 덧붙여지고 있다(마 6:9). 그렇다고 해서 곧바로 하나님께서 하늘의 울타리 속에 매여 계시고, 갇혀 계시다는 식으로 생각해서는 안 된다. 솔로몬은 "하늘과 하늘들의 하늘이라도 주를 용납하지 못한다"(왕상 8:27)고 고백하고 있다. 또한 하나님께서도 친히 선지자를 통하여 말씀하시기를, 하늘이 그의 보좌요 땅이 그의 발등상이라고 하신다(사 66:1; 행 7:49; 참조. 행 17:24). 이는 곧 하나님께서 어느 지역에 제한을 받지 않으시며 만물을 통틀어 편만하시다는 뜻이다. 그러나 우리의 정신이 너무 아둔하여 말할 수 없는 하나님의 영광을 달리는 생각할 수가 없었으므로, "하늘"이라는 말로써 그 영광을 표현하였다. 하늘보다 더 숭고하고 위엄 있는 것을 볼 수 없기 때문이다. 그러므로, 우리의 감각이 어떤 사물을 지각할 때에 그 사물을 그 장소와 결부시키는 것이 상례이지만, 하나님은 모든 장소를 초월하여 계시므로 그를 찾을 때에는 우리의 몸과 영혼의 모든 지각을 뛰어넘는 데까지 올라가야 하는 것이다.

또한, 이 "하늘"이라는 표현은 하나님께서 온갖 부패나 변화의 가능성을 초월하여 계시다는 의미이기도 하다. 그리고 마지막으로, 이 표현은 하나님께서 온 우주 전체를 친히 포용하고 계시며 그의 권능으로 다스리신다는 것을 의미한다. 그러므로, 이는 곧 하나님께서 무한히 위대하시고 높으시며, 불가해(不可解)한 본질에 속하시며, 권능이 한없으시며, 영원히 불멸하신 분이시라는 말과도 같은 것이다. 그러나 하나님에 대해서 말할 때에 이런 이야기를 들으면, 우리의 생각을 더 높이 올려야 한다. 그렇지 않으면 하나님에 대해서 이 땅에 속하거나 물질적인 것으로 꿈꾸기 십상이고, 우리의 작은 척도로 하나님을 재려 하거나, 하나님의 뜻을 우리의 감정에 끼워맞추려 하는 우를 범하고 말 것이기 때문이다. 또한 하나님에 대한 신뢰도 일깨워져야 한다. 하나님께서 그의 섭리와 능력으로 하늘과 땅을 다스리신다는 것을 우리가 알고 있기 때문이다.

요약하자면, "아버지"라는 호칭에서 드러나는 사실은 그 자신의 형상으로 우리에게 나타나신 그 하나님을 확실한 믿음으로 불러야 한다는 사실이다. 또한 "아버지"라는 친밀한 호칭이 신뢰를 가져다주는 것은 물론 우리의 마음이 의심쩍은 거짓 신들에게로 이끌리지 않도록 막아주는 효과를 내기도 한다. 우리는 이 "아버지"라는 호칭을 통해서 독생자에게서부터 천사들과 교회의 유일하신 아버지에게로 올라가는 것이다. 둘째로, 하늘에 하나님의 보좌가 세워져 있고 하나님께서 우주를 다스리신다는 사실에서 우리는 우리가 하나님께로 나아가는 것이 헛되지 않다는 사실을 생각하게 된다. 하나님께서 우리를 기꺼이 맞으시고 필요한 도움을 주시기 때문이다. 사도는 말씀하기를, "하나님께 나아가는 자는 반드시 그가 계신 것과 또한 그가 자기를 찾는 자들에게 상 주시는 이심을 믿어야 할지니라"(히 11:6)라고 한다. 여기서 그리스도께서는 그의 아버지에 대하여 두 가지를 선포하고 계신다. 곧, 우리의 믿음을 하나님 자신에게 둔다는 것과, 또한 하나님이 우리의 구원을 절대로 간과하지 않으신다는 것을 우리가 확실하게 믿어야 한다는 것이다.

이는 황공스럽게도 하나님께서 친히 그의 섭리로 우리에게까지 간여하시기 때문이다. 바울은 이러한 초보적인 교훈을 통해서 합당하게 기도할 수 있도록 우리를 준비시켜준다. 우리의 간구를 하나님께 드리라고 명령하기에(빌 4:6) 앞서서 교훈하기를, "아무것도 염려하지 말라"(빌 4:6)고 한다. 어째서 염려하지 말아야 하는가? 곧, "주께서 가까우시니라"(빌 4:5)는 것이다. 여기에서 분명히 드러나는 사실은 "여호와의 눈은 의인을 향하신다"(시 34:15; 참조. 벧전 3:12)는 사실에 대하여 확신이 없는 자들은 기도할 때에도 의심과 혼란 속에 휩싸여 있을 수밖에 없다는 것이다.

41. 첫 번째 간구

첫 번째 간구는 '하나님의 이름이 거룩히 여김을 받으시옵소서' 라는 것이다(마 6:9). 이와 같은 간구를 해야 한다는 사실은 우리로서는 큰 부끄러움일 수밖에 없다. 하나님의 영광이 우리의 감사치 않는 태도와 우리의 악의로 말미암아 흐려져 있고, 우리의 뻔뻔스러움과 정신 나간 불경 때문에 하나님의 영광이 할 수 있는 만큼 훼손되어 있으니, 이보다 더 부끄러운 일이 어디 있겠는가? 불경한 사람들 모두가 아무리 그들의 참람함과 방자함으로 대적한다 할지라도, 하나님의 이름의 거룩함은 여전히 찬란하게 빛난다. 선지자는 다음과 같이 선포하고 있다: "하나님이여 주의 이름과 같이 찬송도 땅 끝까지 미쳤나이다"(시 48:10). 하나님께서 알려지시는 곳이면 어디든지 그의 권능이 드러나지 않을 수가 없다.

하나님의 권능, 선하심, 지혜, 공의, 긍휼, 진리 — 이런 것들이 우리를 완전히 사로잡아서 하나님에 대한 경이(驚異)로 가득 차게 하며, 그리하여 그를 찬송하지 않을 수 없게 만드는 것이다. 그러므로, 이 땅에서 하나님의 이름이 온전히 거룩히 여김을 받지 못하고 있으므로, 혹 그 상태를 바꾸어 놓을 힘이 우리에게 없다 할지라도 최소한 기도 가운데서는 그 문제에 대해 관심을 가져야 한다는 것이다.

요약하자면, 하나님께서 스스로 합당하신 존귀를 받으시기를, 사람이 하나님에 대해서 말하거나 생각할 때에 최고의 경의를 품기를 우리가 간절히 바라야 한다는 것이다. 이러한 경의의 자세와 정반대되는 불경의 자세가 오늘날에 이르기까지 언제나 세상에 너무나 만연되어왔다. 그렇기 때문에 이런 간구가 필요한 것이다. 우리들 가운데 조금이라도 경건이 있었다면, 구태여 이러한 간구가 필요하지 않았을 것이다. 그러나 만일 하나님의 이름이 다른 모든 이름들과 분리되어 홀로 영광을 받을 때에 비로소 그 이름이 거룩히 여김을 받는 것이라면, 이러한 간구를 통해서 우리는 하나님께서 그의 거룩하신 이름을 모든 멸시와 모욕에서 보호하시기를 구할 뿐 아니라 그가 모든 인류를 복종시키사 그 이름을 경외하게 만드시기를 구하여야 한다는 사실을 깨우쳐야 하는 것이다.

자, 하나님께서는 자기 자신을 우리에게 계시하실 때에 일부는 가르침을 통해서 하시고 일부는 그의 역사하심을 통해서 하시기 때문에, 이 두 가지 면에서 하나님께서 하시는 모든 일을 그에 합당하게 인정하고, 하나님께로부터 오는 모든 것을 그대로 받아들일 때에 비로소 하나님을 거룩하게 높일 수가 있는 것이다. 또한 하나님께서 엄격하게 대하실 때에도 그가 너그러이 대하실 때에 못지 않게 그를 찬양해야 마땅할 것이다. 하나님께서는 온갖 다양한 역사들 속에 그의 영광의 표지를 새겨놓으셨으므로, 그러한 온갖 역사들을 대할 때마다 누구든지 찬양이 우러나와야 마땅한 것이다. 그렇게 할 때에 비로소 성경이 우리들 가운데 온전한 권위를 갖게 될 것이고, 그 어떠한 일이 있더라도 하나님에 대한 우리의 찬양이 방해를 받지 않을 것이다. 우주를 다스리시는 모든 과정 속에서 하나님께서는 찬송을 받으셔야 마땅한 분이신 것이다.

그러나 또 한편으로, 이 간구는 다음과 같은 목적을 지향하는 것이기도 하다. 곧, 이 거룩한 이름을 더럽혀온 모든 불경이 제거되며 없어지게 되며, 하나님의 이름을 거룩히 여기는 일을 혼란케 하거나 흐리게 만드는 모든 비방과 조롱이 사라지게 되며, 모든 참람한 것들이 잠재워지는 가운데서 하나님께서 거듭거듭 그의 위엄 가운데서 환히 빛나시기를 바라는 것이다.

42. 두 번째 간구

두 번째 간구는 "나라가 임하시오며"(마 6:10)이다. 물론 여기에 아무것도 새로운 것이 포함되어 있는 것은 아니지만, 그럼에도 불구하고 이 간구가 첫 번째 간구와 별도로 나타나 있는 데에는 그만한 이유가 있다. 가장 중요한 문제에 대해서 우리가 무기력하다는 것을 생각할 때에, 이미 철저히 알고 있었어야 할 사실을 다시 명확하게 심어주기 위해서 그것을 길게 다루는 것이 반드시 필요한 것이다. 그렇기 때문에 하나님의 거룩하신 이름에 먹칠을 하는 모든 것을 완전히 멸하시기를 하나님께 간구한 다음에, 곧바로 이어서 그와 거의 동일한 간구를 다시 하는 것이다. 곧, "나라가 임하시옵소서"라는 간구가 그것이다.

이 나라의 정의(定義)에 대해서는 앞에서 이미 언급한 바 있지만 여기서 간단하게 다시 말하는 것이 좋겠다. 사람들이 자기 자신을 부인하고 세상과 이 땅의 삶을 멸시함으로써 스스로 하나님의 의를 위하여 헌신하며 하늘의 생명을 사모할 때에 바로 거기에 하나님의 다스리심이 있는 것이다. 그러므로 이 나라에는 두 부분이 있다. 그 하나는 하나님께서 그를 대적하여 발악하는 육체의 온갖 정욕들을 그의 성령의 권능으로 교정하시는 것이요, 또 하나는 하나님께서 그의 다스리심에 순종하도록 우리의 모든 생각들을 그렇게 형성시키시는 것이다.

그러므로, 자기 자신에게서 시작하는 사람 이외에는 — 즉, 하나님 나라의 평화로운 상태를 혼란시키고 그 순결을 더럽히는 모든 부패를 깨끗이 씻는 일부터 시작하는 사람 이외에는 — 그 어느 누구도 이 간구를 합당한 질서를 따라 행한다고 할 수가 없다. 그런데, 하나님의 말씀이 마치 왕의 홀과도 같기 때문에, 우리는 결국 이 간구에서 모든 사람들의 정신과 마음을 이끄사 자발적으로 그 말씀에 순종하게 해주시기를 하나님께 간구하라는 명을 받는 것이다. 그리고 하나님께서 그의 성령의 은밀하신 감동을 통해서 그의 말씀의 역사가 드러나게 하셔서 그 말씀을 존귀를 받는 자리에 높이 세우시면 그런 일이 이루어진다. 그렇게 되면 우리는 하나님의 권위에 완고하게 절박한 마음으로 미친듯이 저항하는 불신자들에게로 내려가야 한다. 그러므로 하나님께서는 온 세상을 낮추심으로써 — 그러나 갖가지 다른 방식을 사용하셔서 — 그의 나라를 세우시는 것이다. 방자한 사람들을 누그러뜨리기도 하시고, 때로는 도저히 꺾이지 않는 고집불통인 자들의 교만을 꺾기도 하신다.

우리는 하나님께서 이 땅 각 처에서 교회들을 자기 자신에게로 모으시기를, 그들의 숫자를 늘이시기를, 그들에게 은사들을 주시기를, 그들 가운데 온전한 질서를 세우시기를, 그리고 반대로, 순결한 교리와 신앙을 반대하는 모든 대적들을 내어쫓으시기를, 그들의 도모를 흩으시고 그들의 노력을 깨뜨리시기를 날마다 간절히 바라고 간구해야 하는 것이다. 이렇게 볼 때에, 날마다 더 나아지기를 위하여 열심을 내라는 명령을 우리에게 주신 일이 그만한 근거가 있다는 것이 드러난다. 왜냐하면 악의 더러운 것들이 완전히 씻겨 없어지고, 순전함이 꽃피고 자라날 때처럼 인간사가 잘되는 때가 절대로 없을 것이기 때문이다. 그러나 그 충만한 완성의 상태는 마지막 그리스도께서 강림하실 때까지 유보되어 있다. 그때가 오면, 바울이 가르치듯이, "하나님이 만유의 주로서 만유 안에 계시"게 될 것이다(고전 15:28).

그러므로 이 간구를 통해서, 우리를 하나님께로부터 완전히 분리시켜서 그의 나라가 우리 속에서 고동치지 못하도록 막는 세상의 온갖 부패에서 우리 자신을 물러나게 해야 하며, 동시에 육체를 죽이는 열심을 우리 속에서 불러일으켜야 하며, 그리고 마지막으로, 십자가를 지도록 우리를 가르쳐야 마땅할 것이다. 하나님께서는 그의 나라를 바로 이와 같은 방식으로 전진하게 하시기를 기뻐하시기 때문이다. 그러나 속사람이 새로워진다면, 비록 우리의 겉사람이 낡아진다 해도 근심해서는 안 될 것이다(고후 4:1)!

우리가 하나님의 의에 굴복하는 동안 하나님께서는 우리를 그의 영광에 참여하는 자로 만들어 주신다는 하나님 나라의 조건이 우리 앞에 있기 때문이다. 하나님께서 그의 빛과 진리를 찬란히 드러내셔서 사탄의 나라의 어둠과 거짓된 것들이 사라지고 꺼지고 없어지게 하실 때에 그와 같은 일이 이루어질 것이다. 그때까지 하나님께서는 그에게 속한 자들을 보호하시며, 그의 성령의 도우심으로 말미암아 그들을 공의 속으로 인도하시며, 그들을 강건하게 하사 끝까지 견디게 하시는 것이다. 그러나 동시에 하나님께서는 원수들의 악한 음모들을 무너뜨리시며, 그들의 모략과 술수를 폭로하시고, 그들의 악의를 대적하시고, 그들의 강퍅함을 억제시키며, 그리고 마지막에 가서는 그의 입의 기운으로 적그리스도를 죽이시고, 그가 강림하여 나타나심으로 모든 불경을 폐하시는 것이다(살후 2:8).

43. 세 번째 간구

세 번째 간구는 "뜻이 하늘에서 이루어진 것 같이 땅에서도 이루어지이다"(마 6:10)이다. 이것이 하나님 나라에 의존하며 그 나라와 분리될 수 없는 것이지만, 이것을 별도로 덧붙이는 것은 그만한 이유가 있다. 곧, 우리가 무지하여 "하나님이 세상에서 다스리신다"는 것이 무슨 의미인지를 쉽게 잘 깨닫지 못하기 때문이다. 그러므로 이것이 모든 사람이 하나님의 뜻에 복종할 때에 하나님께서 세상에서 왕이 되실 것이라는 사실에 대한 하나의 설명으로 보아도 별로 무리가 없을 것이다.

여기서 뜻이라 할 때에, 하나님께서 모든 것들을 통제하시고 그 각각의 목적을 향하여 나아가게 하시는 그의 은밀하신 뜻을 의미하는 것이 아니다. 사탄과 사람들이 하나님을 대적하여 격렬하게 욕을 퍼붓는다 할지라도 하나님께서는 도저히 파악할 수 없는 그의 계획으로 그들의 공격을 뒤집어 놓으실 뿐 아니라 그것을 통해서 하나님께서 본래 작정하신 대로 일이 이루어지도록 하신다는 것을 잘 알고 계시기 때문이다.

여기서 말하는 뜻이란 하나님의 다른 뜻을 말하는데, 곧 자발적인 순종이 따르는 뜻을 말한다. 이런 점에서 볼 때에, 하늘은 땅과 분명하게 대조를 이룬다. 왜냐하면 시편에서 말씀하듯이, 천사들이 "여호와의 말씀을 행하며 그의 말씀의 소리를 듣"기 때문이다(시 103:20). 그러므로 우리는, 하늘에서 하나님의 기뻐하시는 선하신 뜻에 반(反)하는 일이 절대로 이루어지지 않으며 또한 거기 거하는 천사들 모두가 평화와 공의 가운데 있는 것처럼, 땅도 그처럼 그런 다스림에 굴복하게 되어 모든 교만과 악이 사라지기를 바라고 간구하라는 명령을 받는 것이다.

그리고 이 간구를 드릴 때에, 우리는 우리의 육체의 소욕들을 버린다. 왜냐하면 자기의 감정을 거두어 그것을 하나님께 굴복시키지 않는 사람은 누구든지 할 수 있는 만큼 하나님의 뜻을 대적하는 사람이기 때문이다. 우리에게서 나오는 것은 모두가 부패한 것밖에는 없기 때문이다. 또한 이 간구로 말미암아 하나님께서 그의 결정에 따라서 우리를 다스리시도록 우리 자신을 부인하는 모습이 우리에게서 이루어진다. 그리고 그리하여 그뿐만 아니라 하나님께서 우리 속에 새로운 영과 마음을 창조하셔서(참조. 시 51:10), 우리의 뜻이 아무것도 아닌 것이 되어 우리로 하여금 우리 속에서 정욕의 충동에 사로잡히지 않고 오직 하나님의 뜻에 순전히 따르는 것이 느껴지게 되는 것이다. 요약하자면, 우리가 우리 자신에게서 아무것도 바라지 않고 다만 하나님의 영이 우리 마음을 주관하시기만을 바라게 되며, 성령의 내적인 가르치심을 받는 동안 하나님을 기쁘시게 하는 것들을 사랑하며, 또한 그를 거스르는 것들을 미워하기를 배워가게 되는 것이다. 그리하여, 우리는 하나님의 뜻과 합하지 않는 것은 무엇이든지 헛된 것으로 여기고 마음에 두지 않게 되기를 전심으로 바라게 되는 것이다.

자, 이제 주기도문의 전반부 세 가지 간구를 살펴보았다. 이 간구들을 드리는 중에 우리는 오직 하나님의 영광만을 우리 눈 앞에 두어야 하며, 우리 자신을 돌아보아서도 안 되며, 우리 자신의 그 어떠한 유익도 바라보아서는 안 될 것이다. 물론 그런 유익이 그런 간구에 풍성하게 따라오는 것이기는 하지만, 여기서는 그런 것을 구해서는 안 된다. 이 모든 것들에 대해서 우리가 생각하거나 바라거나 간구하지 않아도 그것들은 정해진 때가 되면 반드시 오게 되어 있는 것이다. 그러나 그렇다 할지라도 우리는 그것들을 바라고 구해야 한다. 그렇게 구하는 일의 가치가 결코 작은 것이 아니다. 그렇게 그것들을 구함으로써, 우리 자신이 하나님의 종들이요 자녀들로서 우리의 능력을 다하여 하나님을 존귀하게 하는 일에 진정으로 열심을 다하여 깊이 헌신되어 있음을 증명하며, 우리 스스로 그 사실을 공언하는 것이다. 이 모든 것이 우리의 주요 아버지이신 그분에게서 오는 것이다. 그러므로, 이처럼 하나님의 영광을 드높이고자 하는 소원과 열심이 없이, "하나님의 이름이 거룩히 여김을 받으시오며," "나라가 임하시오며," "뜻이 … 이루어지이다"라고 기도하는 사람들이 있다면, 그런 사람들은 하나님의 자녀와 종들 가운데 속하는 것으로 간주해서는 안 될 것이다. 그리고 그런 사람의 마음과 소원이 거기에 없기 때문에, 이 모든 일들이 이루어질 때에 그들은 혼란과 멸망 가운데 있게 될 것이다.

(후반부의 세 가지 간구에 대한 해설, 44-47절)

44. 네 번째 간구

주기도문의 후반부가 이어지는데, 여기서 우리는 우리 자신의 문제들에게로 내려간다. 그러나 그렇다고 해서 하나님의 영광과 작별을 고하는 것은 아니다. 바울이 증언하듯이 먹든지 마시든지 하나님의 영광을 위해서 해야 하며(고전 10:31), 우리에게 적절한 것들만을 구해야 하는 것이다. 그러나 앞에서 지적한 바와 같이, 전반부의 세 가지 간구와는 다음과 같은 차이가 있다. 하나님께서는 전반부의 세 가지 간구들을 구체적으로 명하심으로써 우리를 하나님 자신에게로 온전히 이끄셔서 그런 식으로 우리의 경건을 입증하게 하신다.

그리고 이어서 우리 자신의 문제들을 돌아보도록 허용하시지만, 거기에는 다음과 같은 제한이 있다. 곧, 하나님께서 우리에게 어떠한 유익을 베푸시든지 간에 하나님의 영광을 드러내고자 하는 의도가 없이는 그것을 구하지 말아야 한다는 것이다. 하나님을 위하여 살고 하나님을 위하여 죽는 것보다 더 우리에게 적절한 것이 없기 때문이다(롬 14:7-9).

이 간구를 통해서 우리는 우리의 몸이 이 세상에서 필요로 하는 모든 것들을 전반적으로 하나님께 구하는 것이다. 비단 음식과 의복뿐 아니라, 우리로 하여금 평화롭게 일용할 양식을 취할 수 있도록 하나님께서 친히 베풀어 주시는 모든 은혜를 위하여 간구하는 것이다. 간단히 말하자면, 이 간구를 통해서 우리는 우리 자신을 하나님의 보살피심 아래 맡기며 우리 자신을 그의 섭리에 온전히 의탁하여, 그가 우리를 먹이시고 양육하시고 보존하시도록 하는 것이다. 지극히 은혜로우신 우리 아버지께서는 우리의 몸을 그의 보살피심과 보호하심 아래 두기를 개의치 않으시고, 그리하여 우리로 하여금 모든 것을, 심지어 빵 한 부스러기나 물 한 방울까지도 하나님께로부터 기대하게 하셔서 이런 작은 문제들에 대해서까지도 우리 믿음을 실행하게 하시는 것이다.

그러나 우리가 연약하여 영혼보다는 육체에 대해서 더 큰 관심을 가져서 이렇게 저렇게 영향을 받고 고통을 받는 일이 늘 있기 때문에, 영혼을 하나님께 담대히 의탁한 사람들 가운데서도 여전히 육체에 대해서 어려움을 겪는 이들이 많다. 무엇을 먹을까, 무엇을 입을까 하는 문제로 여전히 걱정하며, 포도주와 곡식과 기름이 손에 풍성히 있지 않으면 불안해하는 것이다. 영원히 멸하지 않는 생명보다도 이 덧없이 흘러가는 그림자 같은 인생이 우리에게는 그만큼 의미가 더 크다는 뜻이 아니겠는가!

그러나 하나님을 의지하여 육체의 걱정거리에 대한 염려를 떨쳐버린 사람들은 즉시 그보다 더 큰 것들을 — 구원과 영생까지도 — 하나님께로부터 기대하게 된다. 그러므로 우리에게 크나큰 염려를 가져다주는 그런 일들을 하나님께 맡기고 그에게 소망을 두는 것이야말로 믿음의 실행으로서 결코 가벼운 것이 아니다. 또한 이처럼 거의 우리의 골수에까지 박혀 있는 이 믿음 없는 상태를 벗어버리면 우리에게는 큰 유익이 되는 것이다.

어떤 학자들은 이 간구가 "초물질적인 양식"(supersubstantial bread)에 관한 것이라는 식으로 철학적인 사색을 늘어놓기도 하지만, 내가 보기에는 그리스도께서 의도하신 의미와는 거의 일치하지 않는 것 같다. 사실, 우리가 이 덧없이 흘러가는 인생에 대해서까지 하나님께서 책임지시고 먹이신다는 것을 인정하지 않으면, 우리의 기도는 결함이 있는 기도일 수밖에 없는 것이다. 그들이 제시하는 근거는 그야말로 망령되기 그지없다.

그들은, 신령해야 할 하나님의 자녀가 이 땅의 걱정거리에 관심을 둔다는 것도 합당치 않을 뿐더러, 자기들과 함께 하나님을 그런 문제에 관여하시게 한다는 것은 더더욱 합당치 않다고 주장하는데, 이는 마치 하나님의 축복과 아버지로서의 사랑이 음식 따위에서는 나타나지 않는다고 말하는 것이나, 아니면 "경건은 범사에 유익하니 금생과 내생에 약속이 있느니라"(딤전 4:8)라는 말씀이 허구라고 주장하는 것과도 같은 것이다. 죄 사함의 문제가 육체를 보양하는 문제보다 훨씬 더 중요하지만, 그리스도께서는 덜 중요한 문제를 먼저 앞세우셔서 그보다 더 중요한 하늘의 삶에 속한 두 가지 간구로 옮아가도록 하셨다. 주님은 우리의 우둔하고 더딤을 고려하셔서 그렇게 하신 것이다.

그러나 주님은 일용할 양식을 구하라고 하신다. 곧, 우리의 하늘 아버지께서 우리에게 나누어주시는 분량에 만족하며, 부정한 술수로 이득을 얻으려 하지 말아야 한다는 것이다. 동시에 그것이 선물로 우리에게 주어져서 우리의 것이 되었음을 인정해야 한다. 모세의 글에서도 말씀하는 바와 같이, 하나님의 축복이 없이는 우리가 아무리 노력하고 수고해도 우리의 손으로 아무것도 얻을 수가 없기 때문이다(레 26:20; 참조, 신 8:17-18). 아무리 양식이 풍부하게 있을지라도 하나님께서 그것이 영양이 되게 해주지 않으시면 그 모든 것이 아무런 유익이 되지를 않는 것이다. 그러므로 부자나 가난한 자나 모두에게 하나님의 자비하심이 필요한 것이다. 아무리 창고에 양식과 음료가 가득 차 있다 할지라도, 하나님께서 은혜를 베푸셔서 양식을 먹고 누리게 해 주지 않으시면, 사람들은 주리고 목말라 쓰러질 수밖에 없는 것이다.

"일용할"이나, 혹은 다른 복음서에 나타나는 것처럼 "날마다"(눅 11:3), 혹은 "매일의"라는 형용사는 세상의 없어질 것들에 대한 무절제한 욕망을 억제시켜 준다. 대개 그런 욕망이 우리에게서 한없이 불타오르며, 또한 거기에 다른 악들이 따라붙는 것이다. 풍부한 것이 있을 때에는 쾌락과 즐거움과 허영 등 여러 가지로 헛되게 낭비해 버리게 된다. 그러므로 주님은 날마다 그날에 필요한 것을 채울 수 있는 만큼만 구하라고 하시는 것이다. 그러나 동시에 여기서 확신을 가져야 한다. 곧, 하늘에 계신 우리 아버지께서 오늘 우리를 먹이시니, 내일도 반드시 그렇게 먹이시리라는 확신 말이다. 그러므로 아무리 양식과 음료가 풍부하게 우리에게 있고, 심지어 우리의 창고에 양식과 음료가 차고 넘친다 할지라도, 우리로서는 언제나 일용할 양식을 구해야만 한다.

주께서 복을 부어주셔서 그것들이 양식으로서 소기의 열매를 맺도록 해 주시지 않으면 우리의 모든 소유가 결국 아무것도 없는 것이 되고 말 것이기 때문이다. 또한 하나님께서 시간시간마다 조금씩 우리에게 베풀어 주셔서 우리로 하여금 그것을 사용하도록 허락하지 않으시면, 우리의 손 안에 있는 것도 결국은 우리의 것일 수가 없는 것이다.

그러나 사람이 너무나 교만하여 이러한 사실을 인정하기를 지극히 싫어하고 꺼리므로, 주께서는 그의 백성들에게 광야에서 만나를 먹이셔서 사람이 떡으로만 사는 것이 아니요 여호와의 입에서 나오는 모든 말씀으로 산다는 사실을(신 8:3; 마 4:4) 심어 주심으로써 모든 시대의 사람들에게 특별한 증거를 주셨음을 선포하신 것이다. 이로 말미암아 하나님께서는 생명과 건강이 유지되는 것이 물론 물질적인 수단을 통해서 이루어지지만 그것은 오직 하나님 자신의 능력으로 말미암는 것임을 보여 주시는 것이다. 그리하여 하나님께서는 그가 기뻐하시는 뜻에 따라서 그와 정반대의 상황을 증거로 보여 주기도 하신다. 곧 양식의 힘을 끊으셔서, 그 양식을 먹는 자들이 굶주림에서 벗어나지 못하도록 하시며(레 26:26), 마시는 자들의 갈증이 그대로 있게 하시는 것이다(참조. 겔 4:16-17; 14:13).

그러나, 일용할 양식으로 만족하지 않고 무절제한 정욕으로 온갖 것들을 탐하거나, 혹은 풍부한 가운데 있으면서 자기들의 부요함을 의지하면서 하나님께 이 간구를 드린다면, 그것은 하나님을 조롱하는 것이 된다. 전자(前者)의 경우는 자기들이 받고 싶지도 않은 것을 구하는 것이요 — 겨우 일용할 양식밖에 받지 못한다면 그것이야말로 그들에게는 정말 혐오해 마지 않는 것일 것이다 — 또한 하나님 앞에서 자기들의 탐욕을 할 수 있는 만큼 가리는 것이다. 진정한 기도는 하나님 앞에 자기의 마음 그 자체를 토로하며 그 속에 감추어진 모든 것을 드러내어 놓는 것인데 말이다. 그리고 후자(後者)의 경우는 거의 기대도 하지 않는 것을 구하는 것이다. 즉, 속으로는 자기들이 이미 갖고 있다고 생각하면서 입으로 그것을 구하는 것이다.

또한 여기서 주님은 그 양식을 "우리의" 양식이라고 하심으로써, 하나님의 자비하심을 더 한층 드러내신다. 왜냐하면 우리가 소유권을 주장할 수 없는 것을 하나님께서 우리의 것으로 주신다는 뜻이기 때문이다(참조. 신 8:18). 그러나 앞에서 잠깐 언급한 사실을 무시해서는 안 될 것이다. 곧, 남에게 해를 끼치지 않는 의로운 수고를 통해서 얻어진 것은 우리의 것이라 할 수 있지만, 사기나 강도짓을 통해서 얻는 것은 그렇지 않다는 것이다. 다른 사람에게 해를 끼쳐서 얻는 것은 모두가 다른 사람의 것이기 때문이다.

우리에게 주시기를 하나님께 간구한다는 사실은 곧 그것이 하나님의 값 없이 주시는 선물임을 의미한다. 그것이 어떤 식으로 우리에게 주어지든, 심지어 그것이 우리의 기술과 근면함을 통해서 우리 손으로 얻은 것처럼 보일 때라도 그것은 하나님의 선물인 것이다. 왜냐하면 우리의 그런 수고 가 결실을 맺는 것이 오직 하나님께서 베푸시는 복으로 말미암는 것이기 때문이다.

45. 다섯 번째 간구

그 다음으로 "우리 죄를 사하여 주시옵고"라는 간구가 이어진다(마 6:12). 이 간구와 그 다음에 이어지는 간구를 통해서 그리스도께서는 하 늘의 삶에 관계된 모든 것들을 간단히 정리하여 다루신다. 하나님께서 그 의 교회의 구원을 위하여 세우신 신령한 언약 ─ 즉, "내가 나의 법을 그 들의 속에 두며 그들의 마음에 기록하리라"(렘 31:33), "그들이 내게 범하 며 행한 모든 죄악을 사할 것이라"(렘 33:8)는 언약 ─ 이 이 두 간구에 포함되어 있기 때문이다. 여기서 그리스도께서는 죄 사함으로 시작하시고, 이어서 두 번째 은혜를, 곧 하나님께서 그의 성령의 능력으로 말미암아 우 리를 보호하시고, 그의 도우심으로 우리를 유지케 하셔서, 우리로 하여금 모든 시험을 대적하며 굳건히 서게 하시는 은혜를 거기에 덧붙이시는 것 이다.

주님은 죄를 "빚"이라 부르시는데, 이는 우리가 죄에 대한 형벌을 지고 있으며, 또한 그것은 이러한 용서하심을 통해서 탕감 받지 않는 한 우리로 서는 도저히 갚을 수 없는 빚이기 때문이다. 이러한 용서하심은 하나님의 값없는 긍휼하심에서 온다. 하나님은 그의 긍휼하심으로 우리의 빚들을 너 그러이 다 탕감해 주시며, 우리에게 지불을 요구하지 않으시고, 그 자신의 긍휼하심으로 말미암아 그리스도 안에서 스스로 그 빚을 갚으시는 것이다.

그리스도께서 자기 자신을 단번에 속량물로 내어주셨기 때문이다(참조. 롬 3:24). 그러므로, 자기들의 공로로나 다른 사람들의 공로로 하나님을 만족시켜 드린다고 믿는 자들이나, 그런 만족을 통해서 죄에 대한 값이 지불되어서 죄가 사함 받는다고 믿는 자들은 결코 이러한 값없는 은혜의 선물에 참여할 수가 없는 것이다.

이런 간구의 형식을 좇아서 아무리 하나님을 부른다 할지라도 그들은 결국 스스로 자기들에 대한 정죄를 자초하며, 그러한 정죄를 자기들의 증언으로 확증하는 것 이외에 아무것도 아니다. 죄 사함의 은혜를 받아 자유를 얻지 않는 이상 누구나 빚진 자들일 수밖에 없는데, 그들은 여전히 그러한 사실을 받아들이지 않고 오히려 일축해 버리면서, 계속해서 하나님께 자기들의 공로와 보상물들을 내어놓고 있고, 그리하여 하나님의 긍휼하심을 구하지 않고 오히려 하나님의 심판을 스스로 재촉하는 것이다.

하나님께 죄 사함을 구할 필요조차 느끼지 않을 만큼 스스로 완전하다고 상상하는 자들이 있다면, 귀가 가려워서 오류에 빠져 들어가는 자들을 제자로 삼게 내버려두라. 단, 이것 한 가지는 이해해야 할 것이다. 곧, 그들이 얻는 제자들 모두가 그리스도께로부터 빼앗아온 자들이라는 사실 말이다. 그리스도께서는 모든 제자들에게 죄를 고백하라고 교훈하시니 이는 곧 그가 죄인 이외에는 아무도 용납하지 않으신다는 뜻이기 때문이다. 그가 그렇게 하시는 것은 아첨으로 죄를 부추기고자 함이 아니다. 신자들이 아무리 육체의 악을 벗는다 할지라도 여전히 하나님의 심판을 받을 수밖에 없다는 것을 그가 잘 알고 계시기 때문에 죄를 고백하라고 명하시는 것이다. 사실 우리는 우리의 의무를 하나하나를 완전히 수행하여 우리가 하나님 앞에서 허물이 전혀 없이 순결한 상태로 드러나기를 소원하고, 또한 이를 위해서 열심히 수고하여야 할 것이다. 그러나 하나님께서는 그의 형상을 우리 속에서 점차적으로 회복시키기를 기뻐하시므로 우리의 육체에는 언제나 어느 정도의 얼룩이 남아 있을 수밖에 없고, 그렇기 때문에 그것에 대한 치유책이 절대적으로 필요한 것이다.

그러나 아버지께서 주신 권세를 따라서 그리스도께서 우리에게 평생토록 우리의 죄과에 대한 용서를 구하라고 명령하고 계시다면, 생각이 없는 일반 사람들의 앞에 완전한 무죄의 상태의 찬란한 광경을 보여주어서 그들의 눈을 어지럽혀서 그들로 하여금 자기들 스스로 모든 잘못에 대한 책임을 면할 수 있다는 확신을 갖게 만드는 이 새로운 교사들을 과연 어떻게 용납할 수 있겠는가? 그들의 그런 처사야말로 사도 요한이 말씀하는 대로 하나님을 거짓말하는 자로 만드는 것이 아니고 무엇이겠는가(요일 1:10)!

또한 이 불한당 같은 자들은 우리의 구원이 포함되어 있는 하나님의 언약의 한 부분을 떼어내어서 삭제시킴으로써 그 기초에서부터 완전히 망가뜨려 놓으려고 무진 애를 쓰고 있다. 그러나 이들은 지금까지 나눠지 못하도록 완전히 하나가 되어 있던 것들을 나누어 놓는 불경의 죄를 범하는 것일 뿐 아니라, 비참한 영혼들을 절망으로 완전히 압도되도록 만드는 사악함과 잔혹함을 범하고 있는 것이다. 사실 이들은 자기들 자신에게나 그와 비슷한 자들을 배반하고 있는 것이다. 하나님의 긍휼하심과 완전히 반대되는 무관심과 게으름의 상태를 조장하기 때문이다. 이들은 자기들이 하나님 나라의 강림을 사모하는 가운데 동시에 죄가 폐지될 것을 구하는 것이라고 반론을 제기하지만, 이것은 그야말로 유치하기 그지없는 것이다. 주기도문의 전반부에서는 최고의 완전한 상태가 우리 앞에 제시되어 있으나, 또한 후반부에서는 우리의 연약함이 제시되어 있다. 그리고 이 두 가지가 서로서로 완벽하게 조화를 이루고 있기 때문에, 우리는 완전한 목표를 사모하며, 그것을 향하여 나아가는 가운데 우리의 연약함이 요하는 치유책들을 결코 소홀히 해서는 안 되는 것이다.

또한 이 간구에는 "우리에게 죄 지은 자를 사하여 준 것 같이"라는 단서가 덧붙여져 있다(마 6:12). 즉, 행동으로 부당하게 대하거나, 말로 모욕하거나, 이런저런 방식으로 우리에게 해를 끼친 자들을 우리가 모두 너그럽게 용서하듯이 그렇게 우리의 죄도 사하여 주옵소서라고 간구하라는 뜻이다. 우리에게 행한 범죄나 과실의 책임을 용서하는 권세가 우리에게 있다는 뜻이 아니다. 그 권세는 오직 하나님께 속한 것이다(참조 사 43:25)!

우리가 용서한다는 것은 이런 뜻이다. 곧, 마음에서 분노와 증오와 복수하고픈 생각을 기꺼이 지워버리며, 우리에게 행해진 악행에 대한 기억을 기꺼이 망각 속에 사라지게 한다는 뜻이다. 그렇기 때문에, 하나님께 우리의 죄를 용서해 주시기를 구할 때에는 동시에 우리 스스로, 우리에게 해를 가하거나 가했던 모든 자들의 과실을 용서하여야 마땅한 것이다. 만일 우리 마음에 분노의 감정을 그대로 갖고 있고, 앙갚음을 하고 상대방에게 해를 끼칠 계략을 생각하고 있으며, 그리고 심지어 우리의 모든 호의를 다하여 상대방에게 선한 은혜를 끼치도록 애를 쓰지 않고 있는 상태에서 이 간구를 드린다면, 이는 곧 하나님께 우리 죄를 용서하시지 말아주십사 하고 구하는 것이 되는 것이다. 왜냐하면, 우리가 다른 사람에게 행하는 것처럼 하나님께서 우리에게 행하여 주시기를 구하는 것이기 때문이다(참조. 마 7:12). 그렇다면 이는 곧, 우리가 행하지 않으면 하나님께서도 우리에게 행하지 말아주십사 하고 간구하는 것이 되는 것이다. 그러니 더욱더 무거운 심판 이외에 이 사람들이 이 간구의 결과로 얻을 것이 무엇이 있겠는가?

마지막으로, 이 간구에 "우리에게 죄 지은 자를 사하여 준 것 같이 우리 죄를 사하여 주시옵고"라는 조건이 붙여졌다고 해서, 마치 우리가 다른 사람을 용서해 줌으로써 하나님의 죄 용서를 받을 만한 자격을 갖추는 것인 것처럼, 즉 우리가 다른 사람을 용서하는 것이 하나님의 용서하심의 원인을 제공하는 것처럼 생각해서는 안 된다. 오히려, 주님은 이 말씀을 통해서 부분적으로 우리의 믿음의 연약함을 위로하고자 하신 것이다. 하나님께서는 이 말씀을 덧붙이심으로써, 우리가 모든 분노와 질투와 복수심을 마음에서 다 털어내고 깨끗하게 하여 다른 사람을 용서할 때에 우리가 그렇게 용서했다는 의식이 확실하듯이, 그와 마찬가지로 우리의 죄의 용서도 그만큼 확실하다는 하나의 증표를 주시고자 하신 것이다.

뿐만 아니라 주님께서는 바로 이러한 증표를 통해서, 용서하기를 꺼리고 복수하고자 하는 마음이 불일 듯하며 다른 사람들을 향하여 끈질기게 적개심을 행하고, 자기들은 다른 사람들에게서 분노를 당하지 않기를 바라면서 다른 사람들을 향하여 분노를 일으키는 그런 자들을 하나님의 자녀들의 반열에서 제외시키시며, 그리하여 그들이 감히 하나님을 아버지로 부르지 못하도록 하시는 것이다. 이 말씀은 누가복음에서도 그리스도 자신의 말씀으로 멋지게 표현되어 있다(눅 11:4).

46. 여섯 번째 간구

여섯 번째 간구(마 6:13)는 이미 말씀한 바와 같이, 율법이 우리 마음에 새겨지게 하시겠다는 약속에 따르는 것이다(잠 3:3; 고후 3:3). 그러나 우리가 하나님께 순종할 때에 계속해서 싸움과 어렵고 힘겨운 씨름이 있기 때문에, 여기 이 간구를 통해서 우리가 무장을 갖추고 하나님의 보호하심을 받아 승리할 수 있게 되기를 구하는 것이다. 이 간구를 통해서 주님은 우리 속마음을 부드럽게 하여 하나님께 순종하게 하기 위하여 우리에게 성령의 은혜가 필요할 뿐 아니라, 사탄의 온갖 책략과 격렬한 공격을 대항하여 굳건히 설 수 있도록 성령의 구체적인 도우심이 필요하다는 사실을 가르쳐 주신다.

갖가지 형태의 시험들이 우리를 엄습하고 있다. 우리 자신의 무절제한 정욕에서 나오든 마귀의 충동질에서 나오든 우리를 부추겨 하나님의 법을 범하게 하는 마음의 악한 생각들도 시험이다. 또한 그 자체로서는 악한 것이 아니지만 마귀의 궤계를 통하여 시험이 되는 것들도 있다. 마귀가 우리의 눈 앞에 그것들의 찬란한 모습을 드리워서 우리로 하여금 하나님에게서 떠나게 만들기 때문이다(약 1:2, 14; 참조. 마 4:1, 3; 살전 3:5). 이런 시험들이 좌우에서 엄습하고 있다. 우편에는, 예를 들어서, 부귀와 권세와 명예가 있어서, 그 번쩍이는 아름다운 모습을 드러내고 그 화려함으로 꾀임으로 말미암아 사람의 시각(視覺)을 무디게 만들고, 그리하여 그런 간계에 사로잡히고 그런 달콤함에 취하여 마침내 사람으로 하여금 하나님을 잊어버리게 만든다. 그리고 좌편에는, 예를 들어서, 빈곤과 수치와 멸시와 환난 같은 것들이 공격을 해온다. 이러한 온갖 어려움과 환난의 훼방을 받아, 마음이 무기력해지고, 확신과 소망을 완전히 내팽개쳐버리고, 그리하여 마침내 하나님께로부터 완전히 떠나버리게 되는 것이다.

이 간구를 통해서 우리는 우리의 무절제한 정욕에 부추김을 받거나 마귀의 궤계로 말미암아 우리를 향하여 공격해오는 그 두 가지 종류의 시험에 빠지지 않게 해주시기를 아버지 하나님께 간구하는 것이다. 그리고 하나님께서 그의 손으로 우리를 보존시키시고 격려하시고 그의 권능으로 우리를 강건케 하셔서, 악한 원수가 무슨 생각을 우리에게 불어넣든 간에 그 모든 공격들을 대항하여 굳건히 서게 되기를 구하는 것이다. 그리고 일이 어느 쪽으로 일어나든 간에 우리에게 선한 결과가 낳게 되기를 ― 즉, 잘되고 성공한다고 해도 우쭐해지고 교만해지지 않고, 극심한 환난이 온다 해도 낙심하여 넘어지지 않게 되기를 ― 간구하는 것이다.

그러나, 그렇다고 해서 여기서 전혀 시험을 느끼지 않게 해달라고 간구하지는 않는다. 왜냐하면 우리가 시험을 통해서 각성하고 분발하며 권고를 받을 필요가 있기 때문이다. 시험이 전혀 없으면 너무 무기력해지고 나태해지기 때문이다. 그러므로 다윗이 시험 받기를 바란 사실에도 그만한 이유가 있으며(참조. 시 26:2), 또한 주께서 그의 택하신 자들을 치욕과 궁핍과 환난 등 온갖 어려움으로 때리셔서 날마다 시험하시는 것도 충분한 이유가 있는 것이다(창 22:1; 신 8:2; 13:3).

그러나 하나님의 시험과 사탄의 시험은 서로 전혀 다르다. 사탄은 무너뜨리고 정죄를 받고 내어쫓김을 당하게 하기 위해서 시험하지만, 하나님은 그의 자녀들을 연단하심으로써 그들의 신실함을 시험하시며, 시험을 통해서 그들을 강건하게 하시며, 그들의 육체를 죽이고 정결하게 하고자 하신다. 이처럼 절제시키지 않으면 육체는 스스로 교만과 방종에 빠져서 걷잡을 수 없이 되는 것이다. 그 외에도 사탄은 무장을 갖추지도 않고 공격을 받을 준비도 되어 있지 않은 자들을 공격하여 그들이 알지도 못하는 사이에 완전히 무너지게 만들기도 한다. 그러나 하나님은 시험을 주시는 가운데서도 피할 길을 주셔서 그의 백성들이 그 닥치는 모든 것들을 인내로 견딜 수 있도록 하시는 것이다(고전 10:13; 벧후 2:9).

이 간구에 나타나는 "악"이란 단어를 마귀로 이해하든 죄로 이해하든 별 차이가 없다. 사실, 사탄은 우리의 생명을 찾으려고 기다리고 있는 철천지 원수이며(벧전 5:8), 더욱이 그는 죄로 무장하고서 우리를 멸망시키려 하고 있는 것이다. 그러므로 우리는 그 어떠한 시험이 오더라도 거기에 압도되어 무너지지 않고, 우리를 공격하는 모든 적대 세력들을 주의 권능으로 대적하며 굳게 서게 해주시기를 위해서 기도하여야 한다. 우리가 주님의 보살피심과 보호하심을 받아 죄와 사망과 지옥의 문들과(마 16:28) 마귀의 권세 전체를 견디며 승리하도록 해주시기를 위하여, 다시 말해서 악에서 구해주시기를 위하여 기도해야 하는 것이다.

여기서 우리가 조심스럽게 주목해야 할 것은, 그 큰 용사 마귀와 싸우며 그의 힘과 공격을 견디는 일이 우리의 능력으로 되는 것이 아니라는 사실이다. 그렇지 않다면, 이미 우리가 능력이 있어서 우리 힘으로 할 수 있는 일을 하나님께 구하게 되는 것이요, 따라서 그런 간구가 무의미하고 하나님을 조롱하는 것이 되고 말 것이다. 자기들 스스로 싸울 수 있다는 자신감을 갖고 있는 자들은 그들이 대적하고 있는 그 원수가 얼마나 사납고 얼마나 무장이 잘되어 있는지를 잘 깨닫지 못하고 있는 것이다. 마귀의 권세에서 벗어나기를 구하지만, 그 마귀는 미친 듯이 울부짖는 사자와도 같기 때문에(벧전 5:8), 만일 주께서 그 죽음의 상태에서 우리를 건져내지 않으시면, 우리로서는 즉시 그 마귀의 날카로운 이와 발톱에 갈가리 찢기고 그에게 삼키운 바 되고 말 것이다. 그러나 주께서 우리와 함께 계셔서 우리를 위해서 싸우신다는 것을 알면, 우리는 얼마든지 잠잠히 있을 수 있고 "하나님을 의지하고 용감하게 행할" 수가 있는 것이다(시 60:12; 참조. 107:14). 다른 사람들이 혹시 자기들 자신에게 힘이 있는 것처럼 생각하여 자기들의 힘과 자유로운 선택의 능력을 믿고 의지한다면, 그렇게 하게 내버려두라. 그러나 우리로서는 오직 하나님의 능력을 의지하고 그 안에서 강하게 서 있는 것으로 족할 것이다.

그러나 이 간구에는 처음 언뜻 볼 때 느껴지는 것 이상의 내용이 담겨 있다. 하나님의 성령께서 사탄과 싸울 수 있도록 우리의 힘이 되신다면, 우리가 성령으로 충만해져서 우리의 육체의 연약함을 모두 버리기 전에는 그 싸움에서 절대로 승리를 얻을 수 없을 것이다. 그러므로 사탄과 죄에서 해방되기를 간구하는 동안 우리는 하나님의 은혜가 더욱더 충만히 우리에게 부어져서 그 은혜로 가득 차서 모든 악에 대하여 승리를 얻게 되기를 예상하는 것이다.

그러나 어떤 이들은, 야고보의 증언처럼 하나님께서는 누구도 시험하지 않으시니(약 1:13) 하나님께 우리를 시험에 들게 하지 마시라고 구한다는 것은 오히려 하나님을 욕되게 하는 것이라고 생각하기도 한다. 그러나 이 문제는 부분적으로 이미 해결된 것이다. 왜냐하면 우리의 정욕이 우리를 무너뜨리는 모든 시험의 원인이며(약 1:14) 따라서 시험의 책임이 거기에 있기 때문이다. 그리고 야고보서의 의도는 다만 우리에게 책임이 있는 것을 알면서도 우리 스스로 범하게 되는 그런 악행들에 대한 책임을 하나님께 떠넘기는 것이 헛되며 부당하다는 것을 지적하는 것일 뿐이다.

하나님께서는 그의 선하신 뜻을 따라, 정의롭고 은밀하신 그의 판단에 의하여, 우리를 사탄에게 넘기기도 하시며, 우리를 불신앙의 마음과 헛된 정욕 속에 던져넣기도 하시며, 우리를 시험으로 인도하기도 하시는 것이다. 그 원인이 사람에게는 감추어져 있는 경우가 허다하지만, 하나님께는 분명한 것이다. 그러므로, 하나님께서 버림 받은 자들(혹은, 유기된 자들)의 눈을 어둡게 하시고 마음을 완악하게 하심으로써 자신이 친히 복수하신다는 확실한 증거를 보여주시겠다고 수없이 경고하시는 것이 그만한 이유가 있다는 사실을 깨닫는다면, 여기의 "우리를 시험에 들게 하지 마시옵고"라는 표현을 부당하다고 여길 수는 없을 것이다.

47. 주기도문의 마지막 부분

우리 자신들과 우리의 모든 소유를 특별히 하나님께 부탁드리는 이 세 가지 간구들은 앞에서 말씀한 사실을 분명히 보여준다. 곧, 그리스도인의 기도는 공적인 성격을 띠어야 하며, 교회를 공적으로 세우고 신자들의 교제를 증진시키는 목적을 바라보는 것이어야 한다는 사실 말이다. 각 사람이 자기 자신에게 사사로이 무엇이 주어지기를 기도하는 것이 아니라, 우리 모두가 똑같이 우리의 양식을 구하고, 죄 사함을 구하고, 시험에 빠지지 말도록 하시기를 구하고, 악에서 자유를 얻기를 구하는 것이다.

더 나아가서, 우리가 그렇게 담대하게 구하며 또한 구하는 바를 얻을 것을 그렇게 확신하는 이유가 있다. 라틴어 역본에는 나타나 있지 않지만, 여기서 그 본문을 삭제하지 않는 것이 매우 합당하다. 곧, "나라와 권세와 영광이 아버지께 영원히 있사옵나이다"(마 6:13)가 그것이다. 고요하고도 견고한 우리의 믿음의 확신이 여기에 있는 것이다.

우리가 우리 자신의 가치를 근거로 하나님께 기도를 드려야 한다면, 과연 하나님의 임재 앞에서 감히 어떻게 입을 뗄 수나 있겠는가? 그런데, 우리가 아무리 비참하며, 아무리 무가치한 상태에 있으며, 내세울 만한 것이 아무것도 없다 할지라도, 우리에게는 그 어느 때에나 기도할 이유가 있으며, 응답의 확신이 있는 것이다. 왜냐하면 우리의 아버지께서 그의 나라와 권세와 영광을 언제나 보유하고 계시기 때문이다.

그리고 맨 마지막에 "아멘"이 덧붙여져 있다(마 6:13). 우리가 하나님께 구한 바를 얻고자 하는 간절한 마음의 소망을 이를 통해서 표현하는 것이다. 이런 유에 속하는 모든 일들이 이미 일어났으니, 또한 확실히 우리에게 주어질 것이라는 우리의 소망이 한층 견고해진다. 하나님께서 약속하셨는데, 그는 속이지 못하시는 분이기 때문이다. 또한 이는 우리가 이미 제시한 기도의 형식과도 일치한다: "우리가 주 앞에 간구하옵는 것은 우리의 공의를 의지하여 하는 것이 아니요 주의 큰 긍휼을 의지하여 함이니이다 … 나의 하나님이여 주 자신을 위하여 하시옵소서"(참조, 단 9:18-19). 이를 통하여 성도는 그들의 기도의 목적을 표현할 뿐만 아니라, 하나님께서 자기 자신에게서 이유를 찾지 아니하시면, 성도들이 기도의 응답을 얻을 가치조차 없음을 고백하는 것이며, 또한 그들의 기도가 응답을 얻으리라는 확신이 오직 하나님의 본성에서 나오는 것임을 고백하는 것이다.

(주기도문의 적절성, 다른 표현을 사용하는 문제, 48-49절)

48. 주기도문의 규범성

우리가 하나님께 구해야 하고 또한 구할 수 있는 모든 것들이 우리의 신적 스승이신 그리스도께서 가르쳐 주신 이 기도의 형식에 — 말하자면, 규범에 — 포함되어 있다. 그리스도는 아버지께서 우리의 교사로 지정해 주신 분이요, 우리가 말씀을 듣고 따라야 할 유일하신 분이시다(마 17:5). 그리스도께서는 언제나 아버지의 영원하신 지혜이셨고(사 11:2), 또한 사람이 되셔서는 기묘자와 모사로 나타나신 분이시다(사 9:6: 참조, 28:29: 렘 32:19).

그러므로, 이 기도는 모든 면에서 완전하므로 기존의 내용과 관련이 없는 다른 어떤 이질적인 내용을 이 기도에 첨가시킨다는 것은 불경하며 무가치한 것으로서 하나님의 인정을 받을 수가 없는 일이다. 이 기도 속에 하나님께 합당한 것과 그가 기뻐 받으시는 것과 우리들에게 필요한 것을 — 결국, 그가 기꺼이 받아 주실 것을 — 정리하여 제시해 놓으셨기 때문이다.

그렇기 때문에, 감히 더 나아가서 이 기도를 넘어서는 어떤 것을 하나님께 구하는 자들에 대해서는 다음과 같이 말할 수 있다: 첫째로, 이들은 하나님의 지혜에다 자기 자신의 지혜를 첨가시키려는 자들인데, 그야말로 정신나간 신성모독을 범할 생각이 아니라면 이런 우(愚)를 범할 수가 없다. 둘째로, 이들은 자기들 스스로를 하나님의 뜻 가운데 두지 않고, 그것을 멸시하여 거기서 벗어나서 자기들의 무절제한 정욕 가운데 방황하는 자들이다. 그리고 마지막으로, 이들은 절대로 그 어떠한 것도 얻을 수가 없다. 믿음이 없이 기도하기 때문이다. 그런 기도가 믿음이 없이 이루어진다는 것은 너무도 분명한 사실이다. 믿음이 서 있으려면 반드시 하나님의 말씀에 의지해야 하는데, 그 기도에는 하나님의 말씀이 없기 때문이다. 그런데, 주님의 규범을 무시하고 자기들의 정욕에 스스로를 내어맡기는 자들은 하나님의 말씀이 없는 것은 물론이고, 더 나아가서 자기들의 온 힘을 다하여 하나님의 말씀을 대적하여 싸우는 것이다. 그러므로 터툴리안(Tertullian)은 이 기도를 "유일한 합법적인 기도"(the lawful prayer)라고 멋지게 표현한 바 있는데, 이는 곧 다른 모든 기도들은 무법(無法)한 것이요, 따라서 금해야 할 것임을 무언으로 시사해 주는 것이다.

49. 주기도문은 그 표현이 아니라 내용을 따라야 함

그러나 그렇다고 해서, 이 기도의 형식에 매여서 단어 하나, 문구 하나도 바꾸어서는 안 되는 것처럼 생각하는 일은 없을 것이다. 성경 여기저기 나타나 있는 여러 기도들을 읽어 보면, 표현에 있어서는 이 기도와 전혀 다르면서도 동일한 성령께서 제시하셨고, 그리하여 우리에게 매우 유익을 준다는 사실을 깨닫게 되기 때문이다. 동일한 성령께서 신자들에게 계속해서 많은 기도들을 하게 하시지만, 그 표현에 있어서는 서로 거의 비슷한 점이 없는 것이다.

주기도문에 대해 가르칠 때 우리가 의도하는 바는 다만 이런 뜻이다. 곧, 이 기도에 요약된 형태로 포함되어 있지 않는 것은 그 어떠한 것이라도 구하거나 기대하거나 바라서는 안 된다는 것이요, 물론 표현은 완전히 다를지라도 그 내용의 의미는 이 기도와 달라져서는 안 된다는 것이다. 성경에 나타나 있는 모든 기도들과 경건한 사람들의 가슴에서 우러나오는 기도들은 분명 주기도문과 일치하는 것이다. 물론 그 완전함에 있어서는 그 어떠한 사람의 기도도 이 기도에 비길 수가 없고, 거기에 미칠 수가 없다.

주기도문에는 하나님을 찬양하는 데 있어서 생각해야 할 내용이 빠진 것이 하나도 없으며, 사람의 복지를 위하여 마땅히 생각해야 할 내용이 빠진 것이 하나도 없을 뿐 아니라, 그 구성 또한 너무도 정확하게 짜여져 있어서 그 어느 누구도 그것을 개선해 보리라는 희망을 조금도 가질 수가 없는 것이다. 간단히 말해서, 이 기도야말로 하나님의 지혜의 가르침이라는 사실을 기억하도록 하자. 하나님께서 뜻하신 바를 몸소 가르치셨고, 또한 필요한 바를 하나님께서 뜻하신 것이다.

50. 기도 시간을 정하는 문제와 하나님의 뜻에 온전히 맡기는 문제

그러나, 앞에서 이미 진술한 바와 같이, 우리의 마음을 높이 들어서 항상 하나님을 사모하며 쉬지 말고 기도해야 마땅하지만, 우리가 연약하므로 여러 가지 보조 수단들을 사용하여 도움을 받는 것이 필요하고, 또한 우리가 게을러서 자극을 받을 필요가 있으므로, 우리들 각자가 기도하는 일을 위하여 일정한 시간을 구별하여 정해 놓는 것이 합당할 것이다. 그리하여 그 시간이 되면 반드시 기도에 임하고, 그 시간 동안 마음을 온전히 드려서 기도에 전념하여야 할 것이다. 예를 들면, 아침에 일어날 때, 일과를 시작하기 전, 자리에 앉아 식사를 할 때, 하나님의 은혜로 식사를 마쳤을 때, 잠자리에 들 때, 등을 기도 시간으로 구별할 수 있을 것이다. 그러나 그렇다고 해서 시간을 미신적으로 지키려 해서는 안 된다. 마치 기도 시간을 지킴으로써 하나님께 우리의 의무를 다하는 것이고, 그 나머지 시간은 우리 마음대로 해도 괜찮은 것처럼 생각해서는 안 된다. 오히려, 그렇게 시간을 정해 놓는 것은 우리의 연약함을 훈련시키고 계속해서 자극시키기 위한 하나의 훈련으로 여겨서 그렇게 실천해야 하는 것이다. 또한 우리가 괴로움을 당하거나 다른 이들이 괴로움을 당하는 것을 볼 때마다 즉시 간절한 마음으로 하나님께로 나아가 아뢰도록 특별한 주의를 기울여야 할 것이다.

그리고 우리가 잘되거나 다른 사람의 일이 잘될 때에는 그냥 지나치지 말고, 반드시 찬양과 감사를 하나님께 드려서 거기에 하나님의 손길이 있음을 우리가 깨닫고 인정한다는 것을 증거해야 마땅할 것이다.

그리고 마지막으로, 모든 기도에 있어서 우리는 하나님을 어느 특정한 상황에 묶어두거나 아니면 어느 시간, 어느 장소, 혹은 어떠한 방법으로 무엇을 해달라고 지정하여 하나님께 구하지 않도록 조심해야 할 것이다. 그러므로 이 주기도문에서 우리는 하나님께 어떠한 규범이나 어떤 조건을 부과해서는 안 되고, 하나님께서 그의 방식대로, 그의 정하신 시간에, 그의 정하신 장소에서 그가 보시기에 좋은 대로 행하시도록 그의 결정에 맡기기를 배우는 것이다. 그렇기 때문에, 우리 자신의 문제를 위해서 간구하기 전에 먼저 하나님의 뜻이 이루어지기를 간구하는 것이다(마 6:10). 이 간구를 통해서, 우리는 우리 자신의 뜻을 하나님의 뜻에 굴복시켜 마치 고삐로 통제하는 것처럼 하여, 우리의 뜻으로 하나님을 조종하지 못하게 하고, 오히려 하나님께서 그의 모든 뜻을 주관하시고 시행하시는 분이심을 인정하게 하는 것이다.

51. 인내로 기도함

이처럼 마음으로 하나님의 뜻에 순종하는 자세를 가져서 하나님의 섭리의 법칙에 다스림을 받도록 하면, 기도에서 인내를 쉽게 배우게 될 것이며, 또한 우리의 정욕을 누르고 참고 주님을 바라게 될 것이다. 그리고 겉으로 나타나시지는 않으나 하나님께서 언제나 우리와 함께 계심을 확신하게 되며, 또한 비록 사람의 눈에는 기도가 응답되지 않는 것처럼 보인다 할지라도 그의 정하신 때가 되면 그가 절대로 기도를 저버리지 않으셨음을 확연히 드러내 보이실 것을 확신하게 될 것이다. 그러므로 우리에게는 언제나 이와 같은 안위가 있다. 곧, 하나님께서 우리의 기도에 당장 응답하지 않으시는 때에라도 우리로 하여금 실망하거나 낙심에 빠지지 않도록 막아주시리라는 것이다. 자기의 열심에 도취되어 하나님을 부르다가 하나님께서 그 기도를 즉시 들어주셔서 도움을 주시지 않으면 곧바로 하나님께서 진노하셔서 자기를 대적하신다고 상상하여 기도 응답에 대한 소망을 완전히 상실하고 기도를 중지해 버리는 자들이 있으나 우리는 그렇게 하지 않는다. 오히려, 우리 자신을 잘 절제하여 고른 마음을 유지하는 가운데 우리의 소망을 뒤로 물려 놓음으로써, 성경이 우리에게 강하게 권장하고 있는 그 인내의 자세를 견지하여야 할 것이다.

시편에서 자주 보다시피, 다윗을 비롯한 신자들은 기도하다가 거의 지쳐 버렸고 마치 벙어리에게 계속 말을 쏟아붓는 것처럼 허공에다 기도를 올려대는 것 같은 느낌이 들 때에도, 여전히 기도를 중지하지 않는 것이다

(시 22:2). 어떠한 일이 벌어져도 기도에 담긴 믿음으로 그 모든 것을 이기지 못한다면, 결국 하나님의 말씀의 권위를 무시하는 처사이기 때문이다.

그리고, 우리는 하나님을 시험해서도 안 되며, 우리의 부패한 욕심으로 하나님을 조르다가 하나님의 진노를 자초해서도 안 될 것이다. 어떤 특정한 것을 조건으로 하여 하나님과 약속하고는 마치 하나님께서 자기들의 욕심을 채워주는 종인 것처럼 여겨서 하나님을 자기들이 정해 놓은 법칙에 구속시키려고 하는 자들이 많은데, 그런 자들이 흔히 그런 우(愚)를 범하는 것을 본다. 하나님께서 자기들의 의도하는 바를 즉시 들어주시지 않으면, 속이 상해서 하나님께 불평하며 대적하고 투덜거리고 대드는 것이다.

그러므로 하나님께서는 그런 자들을 향하여 진노하셔서, 그가 사랑하시는 다른 이들에게는 긍휼히 여기셔서 허락하시지 않는 일들을, 그들에게 진노 가운데 허락하시는 경우를 자주 보게 된다. 이스라엘 자손들이 이에 대한 증거를 제공해 준다. 주께서 그들의 기도를 들어주시지 않는 편이 차라리 고기를 먹으면서 동시에 하나님의 진노를 함께 삼키는 것보다 훨씬 나았을 것이다(민 11:18, 33).

52. 기도의 응답

그러나, 오랫동안 기다린 후에도 기도의 결과나 혹은 기도에서 얻는 유익을 우리의 감각으로 지각하지도 못하고 느끼지도 못한다 할지라도, 감각으로 지각하지 못하는 그것에 대해서 — 즉, 적절한 응답을 우리가 얻었다는 것에 대해서 — 우리의 믿음이 확신을 갖게 해줄 것이다. 주님은 우리가 그에게 내어놓으면 반드시 우리의 어려움들 가운데서 우리를 보살피시겠다고 그렇게도 자주, 또한 그렇게도 확실하게, 약속하고 계시므로, 우리로 하여금 궁핍한 가운데서라도 풍성함을 소유케 하시고, 환난 가운데서라도 위로를 갖게 하실 것이다. 모든 일들이 잘못된다 할지라도, 하나님께서는 그의 백성들의 기대와 인내를 실망시키는 분이 아니시니 절대로 우리를 버리지 않으실 것이다. 모든 일들이 잘못된다 할지라도 하나님 한 분께서 우리를 위하실 것이요, 모든 좋은 것들이 하나님께 있으며, 그의 나라가 만천하에 드러나게 될 그 심판날에 그 좋은 것들을 우리에게 밝히 드러내실 것이다. 뿐만 아니라, 하나님께서 우리의 기도를 들어주실 때에도 언제나 우리의 요구하는 형태 그대로 들어주시는 것은 아니다. 오히려 우리를 긴장 속에 두시는 것 같으면서도 놀라운 방식으로 우리의 기도가 헛되지 않았음을 보여주시는 것이다.

사도 요한의 다음과 같은 말씀이 바로 이런 의미이다:"우리가 무엇이든지 구하는 바를 들으시는 줄을 안즉 우리가 그에게 구한 그것을 얻은 줄을 또한 아느니라"(요일 5:15). 이 말씀은 쓸데없이 장황하게 하는 말씀 같아 보이지만, 여기서 선언하는 사실은 정말로 유익한 것이다. 왜냐하면 이는, 하나님께서는 우리의 소원을 들어주지 않으실 때에라도 여전히 우리의 기도에 친절히 귀를 기울이고 계시므로 그의 말씀에 의지하여 소망을 가지면 결코 실망하게 되지 않을 것이라는 선언이기 때문이다.

그러나 신자는 언제나 인내의 도움을 받아야만 서 있을 수가 있다. 인내를 의지하지 않으면 오래가지 못하고 넘어지기 마련인 것이다. 주님께서 그의 백성에게 주시는 시험은 결코 가벼운 것이 아니고, 또한 부드럽게 진행되지도 않는다. 오히려 그들을 극한 속으로 몰아 넣으셔서 그들로 하여금 오랫동안 진흙창 속에서 뒹굴도록 하시다가 그 후에 그의 따뜻한 은혜를 맛보게 하시는 경우가 많다. 그러므로 한나의 말과 같이, "여호와께서는 죽이기도 하시고 살리기도 하시며 스올에 내리게도 하시고 거기에서 올리기도 하시는"(삼상 2:6) 것이다.

환난을 당하고 황폐하여 거의 죽게 된 상태에 있을 때에, 하나님께서 그들을 보살피시며 반드시 그런 현재의 불행을 종식시키실 것이라는 생각으로 마음에 용기를 얻지 못한다면, 그런 상황에서 움츠러들고 절망의 나락으로 떨어질 수밖에 없지 않겠는가? 그러나 그러한 소망에 대한 확신 위에 서 있다 할지라도, 그동안 신자는 기도를 중지하지 않는다. 끊임없이 인내하는 자세가 기도에 없다면, 그 기도는 헛된 것이고 아무런 결과도 얻지 못하기 때문이다. (끝)

● **독자 여러분들께 알립니다!**
'**CH북스**'는 기존 '**크리스천다이제스트**'의 영문명 앞 2글자와
도서를 의미하는 '**북스**'를 결합한 출판사의 새로운 이름입니다.

칼빈의 기도론

1판 1쇄 발행 2001년 10월 30일
1판 중쇄 발행 2023년 9월 11일

발행인 박명곤   **CEO** 박지성   **CFO** 김영은
기획편집 채대광, 김준원, 박일귀, 이승미, 이은빈, 강민형, 이지은
디자인 구경표, 구혜민, 임지선
마케팅 임우열, 김은지, 이호, 최고은
펴낸곳 CH북스
출판등록 제406-1999-000038호
전화 070-4917-2074   **팩스** 0303-3444-2136
주소 서울시 강서구 마곡중앙6로 40, 장흥빌딩 10층
홈페이지 www.hdjisung.com   **이메일** support@hdjisung.com
제작처 영신사

ⓒ CH북스 2001